看 准

如何从经济规律中，看准投资时机

饭爷 —— 著

图书在版编目（CIP）数据

看准 / 饭爷著 . -- 北京：北京联合出版公司，2022.1

ISBN 978-7-5596-5792-3

Ⅰ . ①看… Ⅱ . ①饭… Ⅲ . ①投资—通俗读物 Ⅳ . ① F830.59-49

中国版本图书馆 CIP 数据核字（2021）第 250778 号

看准

作　　者：饭　爷　　　　　　　　产品经理：曹　震
出 品 人：赵红仕　　　　　　　　责任编辑：夏应鹏

北京联合出版公司出版
（北京市西城区德外大街83号楼9层　　100088）
北京联合天畅文化传播公司发行
天津旭非印刷有限公司印刷　新华书店经销
字数 147 千字　　880 mm × 1230mm　　1/32　　印张 7.5
2022 年 1 月第 1 版　　2022 年 1 月第 1 次印刷
ISBN 978-7-5596-5792-3
定价：56.00 元

版权所有，侵权必究
未经许可，不得以任何方式复制或抄袭本书部分或全部内容
如发现图书质量问题，可联系调换。
质量投诉电话：010-88843286/64258472-800

目录

第一章 看懂经济的本质，掌控财富规律

内循环是未来经济的必然选择　003
看懂美元周期，就能看懂诸多经济的真相　006
抓住属于自己时代的机会　011
央行如何拯救经济　026
印钞机正在悄悄偷走你的钱　041
关于美国债务那些事　044
是什么刺破了全球资产价格泡沫　062
数字货币带来的突破　076

第二章 经济中的危机和教训

下一次的次贷危机　089
通货膨胀之后会发生什么　104
经济危机乃至大萧条发生的根源　115
金融中潜藏的雷区　133
苏联与俄罗斯经济的教训　149

第三章　看懂股市趋势，成为投资赢家

风险就是机会	167
价值和投资从来都是两方面	172
巴菲特指标揭示了什么	174
炼就股市中的火眼金睛	190
股市的泡沫	200

第四章　避开投资中的陷阱

别掉进金融产品的深坑	209
保险是不是智商税	215
什么是不动产投资信托基金	220
多数人不适合专职做投资	224
日本养老投资启示录	227

第一章

看懂经济的本质，掌控财富规律

内循环是未来经济的必然选择

这两年大家可能常听说一个词——内循环。为什么突然要搞起内循环呢？一方面要为未来大萧条期间西方的贸易壁垒做准备，另一方面是因为外部主要出口和消费市场的民众收入增长陷入瓶颈，我们需要通过内循环作为替代。在内循环的背景驱动下，这意味着我们要持续努力减少国际贸易逆差，推动国产替代，补齐消费全环节，实现贸易再平衡。

半导体、石油和服务贸易是我们的前三大贸易逆差项目，中国也是全球最大的服务贸易逆差国，服务贸易逆差达2146亿美元。未来西方如果建立贸易壁垒，贸易顺差必定收缩，那么，未来半导体、能源、旅游和服务等贸易逆差类目都会逐步压缩，经济结构也会重塑。当然，这里面能源贸易逆差是最难处理的，因为我们是一个缺能源的国家。

在国内大循环为主体，国内国际双循环相互促进的新发展格局下，不少经济领域会出现很大改变。那么什么行业会在未来受益比较大？我们未来可能的机会又在哪里呢？

首先，未来服务贸易逆差会显著减小，事实上从数据来看已经减小一段时间了。中美贸易逆差主要出现在服务贸易上,这一点在外汇局的数据上其实也体现得非常明显。我们的货物贸易基本都是顺差,服务贸易是逆差最大的一块儿,尤其是留学、旅游这类服务贸易逆差占据了其中最大的一块儿。

未来不光是留学和旅游服务相关产业会萎缩,对外咨询管理还有各种知识产权的使用费都会显著减少。这些行业的整体市场规模会呈现萎缩现象,如果你是从业者,尤其需要注意。

其次,进口替代会加速。尤其是对自主可控的产业推进速度会加速,核心的东西必须掌握在自己手里。未来在各个领域,国内都会涌现更多的本土巨头来替代细分和垂直领域的外资企业,不管是消费还是技术领域。这是未来很多人最大的机会和挑战。这些本土巨头会在内循环的大背景下,借助国产替代、自主可控或者消费升级的东风,通过性价比优势干掉很多细分领域的垄断巨头。

以芯片产业为例,以前国产芯片不是不能用,只是国外产品价格便宜量又足。现在在国产替代的背景下形势发生逆转,随着国产商品应用越来越广泛,则会形成从生产到销售、研发的良性循环局面。要知道技术不是壁垒,市场才是壁垒。只要生产线开动起来,市场大规模投入应用技术,很快就会不断改进完善。所以这两年我们才看到国产半导体快速迭代,进步很快。中低端全面攀爬科技树,基本完成进口替代。任何产业最怕的是产品没有市场,这会导致生产者没有生产和研发的动力。

另外就是在内循环的背景下,会鼓励大家把以前花在国外的钱，拿到国内花。以前大家很多东西都是跑到海外买，既然一定要买，为什么不能放到海南通过免税来做这个生意？我们再以消费升级为例，消费升级从来不是说让你从香奈儿升级到爱马仕，而是指大众消费品的升级。目标就是诞生一大批受欢迎的国货品牌。

这两年涌现出不少新的国货品牌。比如做雪糕的钟薛高，做饮料的元气森林。这些行业都是大家认为早就饱和的市场，但那些品牌还是硬生生凭借品牌重塑做出了爆品。其实说起来这两年快速崛起的拼多多本质上也是消费升级，为一些偏远地区的消费市场带来了生机。

但经济内循环和很多人期望的房价快速上涨是非常矛盾的。居民把太多现金流贡献给房产，严重影响了内循环消费。楼市政策持续收紧，调控持续加强也就不意外了。

看懂美元周期，就能看懂诸多经济的真相

有人曾经说，大宗商品上涨是因为经济转好、需求变好推动的，和美元没什么关系。这里我们来探讨一下这个问题。

大家首先思考一下供需平衡是怎么一回事。从供需的角度讲，市面上的所有商品都保持着弱平衡。如果没有变量出现，大多数商品在一定时段的需求总量变化都不大。可能随着经济增长会有所增加，但幅度很小。它们的价格更多是被供给决定，供给多了就会跌价，供给少了就会涨价。国内典型的例子就是大蒜，这是一个边际①需求保持稳定的品种。它的价格通常是由蒜农的供给决定。

道理很简单吧，但做对的人却很少，我们经常看到的循环往往是下面这样的：蒜农看到种蒜赚钱一哄而上都去种蒜，因为供应太多，第二年蒜价暴跌。因为种蒜亏钱，种蒜的人也少了，供给开始出现缺口。如果又赶上干旱或者灾害减产，缺口更大了。这时候农民一看，种蒜又赚钱了，赶紧一窝蜂去种。边际需求

---

① 边际指的是每一单位新增商品带来的效用。

一定，第二年又是大量供应，故事又回到蒜价暴跌的位置开始循环。

从这点看，那些跟风投资的人和种蒜的人，其实并没什么区别。从世界范围看，一定时段内全球商品的边际需求总量是恒定的。但是从供给角度看，每经历几年的经济低迷期之后，都会带来产能压缩。道理很简单，低迷期需求少，产量就小，也没人囤货。有的企业亏得顶不住关门了，这部分供给就消失了。等经济复苏边际需求开始增长，供给就突然有了缺口，产能一时间又无法快速补充，后面价格上涨就来了。

看懂这个以后，我们再讲美元周期和商品需求的关系。大家回忆一下，央行的逆周期调控都是在干什么？经济低迷期的时候，央行通常是降息降准、降低资金成本，放水给企业提供资金鼓励投资，促进经济复苏。这时候企业一般都是握紧钱袋子，对未来很悲观，也不愿意投资。

经济繁荣期央行又会干什么？通常是加息提高准备金收水，提高借钱成本，给投资冲动降温。这时候大把企业就和看到蒜价上涨的蒜农一样，准备加大投资。等他们把项目建成了，资金成本高、供给过剩，后面就是资金链断裂，各种破产债务重组，再次步入低迷期。

美联储充当的就是"世界央行"的角色。20世纪最重要的事情不是"一战"和"二战"，也不是苏联解体，而是美元和黄金脱钩，再和石油挂钩。从这天起，整个人类都被纳入到美国的金融体系中，这时候的美联储也变成了真正的"世界央行"。

按照历史经验，美元走高走低是有周期规律的，通常是走低10年，走高6年。如果我们把美元走低走高的过程看成是美联储这个"世界央行"放水收水的过程，那么美元指数①走低的10年，就是"世界央行"开闸放水的10年；美元指数走高的6年，就是"世界央行"关闸收水去杠杆的6年。

在美元开闸放水的10年下行周期里，大量廉价美元资本倾泻而出，给全世界提供流动性，其中很大一部分流入了某个特定区域的非美经济体。因为美国对大宗商品的边际消费增量有限，所以非美新兴经济体的消费扩张才是提升需求的最重要因素。

美国之外的国家拿到美元投资之后搞出口、搞地产、搞基建、搞工业化，经济蓬勃发展，创造区域经济奇迹，市场越来越旺盛，资产价格越来越高。人们看到价格上涨就开始囤货，进一步加剧了资产短缺，资产价格开始上涨。当然，即使美元放水的下行周期也存在经济周期起伏，只是这个起伏包含于10年美元下行周期中。

后面美联储开始加息关闸收水，美国依靠自己的军事实力和国际影响力，人为制造地区冲突和危机。之前拿了大量美元的特定地区陷入债务困境，本币贬值，资产价格暴跌被美国抄底。既然这些提供需求增加的经济体陷入了债务危机，那么商品市场的需求增量自然也就没有了，供需又会重新回归平衡，商品价格也

---

① 美元指数是综合反映美元在国际外汇市场的汇率情况的指标，用来衡量美元对一揽子货币的汇率变化程度。

会回归正常。所以我们才会看到，历史上的商品价格上涨时段大概率出现在美元下行周期的中后期或者上行周期的初期。

这时候非美经济体一般会因为美元大量注入导致经济过热，带来大量边际需求。尤其工业商品体现得更明显，因为边际增量只能在美元资本涌入特定地区，创造经济奇迹的时候产生。

现代央行抛弃黄金这个抵押物，建立信用货币以后，需求和复苏从来不是凭空出现的，很大程度上靠的都是央行刺激。没有央行强有力干预，其结果就是当年的经济大萧条。

如果把美联储理解成央行，美元大量流入的特定区域理解成企业。在10年美元下行周期里，美联储不断降息，大量货币涌进市场，这期间大量的美元资本流向某个特定企业，这家企业会持续繁荣，虽然中间也会因为经济周期波动，但是企业整体看起来蒸蒸日上，员工工资越来越高，基础设施越建越好，资产规模也越来越大。

到了后面6年美元上行周期，美联储开始加息收水，企业突然发现自己借债太多，加息后都还不起利息。银行又要抽贷，后面现金流自然断了，企业资产低价拍卖，员工也都失业了。整个过程无非是美联储这个全球央行，先通过美元货币周期给特定地区注水或者加杠杆，推高区域资产价格，再通过去杠杆刺破资产价格泡沫，等到资产价格下降到一定程度，他们再回收资产。

看看铜的例子，可能更容易理解这个过程。20世纪70年代的拉美，因为1970—1980年间美元下行周期美元的大量涌入，创造了经济奇迹。这期间因为大量投资催生的高涨需求，铜价经历了两次上行，一次出现在10年美元下行周期的中期，一次在末期。在1980—1985年的美元上行周期开始以后，拉美地区全部陷入债务危机。铜价也开始一路下行，最后陷入谷底。

同样地，在1985—1995年的美元下行周期里，美元资本涌向了亚洲。和拉美情况类似，20世纪80年代后期日本、亚洲四小龙（韩国、中国台湾地区、中国香港地区、新加坡）和90年代亚洲四小虎（印度尼西亚、泰国、马来西亚、菲律宾）因为低价美元资本涌入引发的需求，推动了这10年铜价的两次上涨。

千禧年之后，是庞大的中国需求驱动了铜价在2002—2012年美元下行周期里的两拨上涨。可以看出，铜价上涨基本都在美元的下行周期，而且是在美元资本涌入某个特定地区催生区域经济奇迹以后发生的。因为区域经济奇迹带来的边际增量出现了，供需平衡被打破。

自打美元脱离黄金的束缚成为世界货币，美联储成为世界央行以后，在每10年的美元下行周期里，商品会因新兴经济体消费扩张带来的边际增量引发两次上涨。通常在第二拨上涨之后，美元涌入带来的区域经济奇迹，会伴随着美元进入6年上行周期带来的紧缩回流而破灭。

整个世界货币体系中，美元一直都是核心，放水就是到新兴市场投资养鱼，到了收获的时候就要排水收鱼。到现在为止，能抵御美元上行周期没被美国抄底的只有极少数国家。

抓住属于自己时代的机会

可能很多人没有注意到，目前的市场经济已经从过去的快速增长时代，步入缓慢增长时代。增长速度代表着蛋糕做大的速度，也代表劳动者能分到的蛋糕份数。过去的高增长不再，意味着越来越多的行业开始步入存量竞争。

为什么现在所有专业都在劝退[①]？为什么现在全世界都在陷入内卷[②]化？为什么现在仅仅靠勤劳没办法致富？存量竞争就意味着，行业的新人越来越难分到市场的蛋糕，因为优势地位都被之前进来的老人占据了。在这种情况下，除了少数行业，年轻人都会感觉机会在变少。尤其是2016年这拨房价上涨以后，除了少数天才可以杀出重围，多数普通人的生活压力与质量主要取决于上一代的资产积累。

所以我们所能看到的很多问题，本质都是经济问题。大到世界的每个国家，小到个人，都是一样的道理。搞清楚背后到底发

[①] 劝退：网络用语，指没有资格继续下去。
[②] 内卷：网络用语，指非理性的内部竞争。

生了什么，就能明白人们的观念变化的原因。我们做选择的时候，思路也会更加明确。

一

中华人民共和国成立之初，可以说是百废待兴。国内尤其缺乏的是工业技术人才。当时我们的工业落后到什么程度呢？从当时的一段话就可以看出来："现在我们能造什么？能造桌子椅子，能造茶碗茶壶，能种粮食，还能磨成面粉，还能造纸，但是一辆汽车、一架飞机、一辆坦克、一辆拖拉机都不能造。"

得益于其他国家的援助与第一个五年计划，中国在短时间内就实现了从落后农业国到工业国的转变，也让中国对工业技术人才的需求出现井喷。这个阶段步入大学的学生，就是完成工科课程的培训，成为合格的工业技术人才。国家按需培养，把他们统一分配到需要的岗位上去，服务于建国初期的重工业。只要把数理化这类基础知识学扎实，能适应工作岗位的需求，那就是优秀人才。

所以当时有一句话非常流行，叫作"学好数理化，走遍天下都不怕"。这时候找工作并不是件难事，基本上国家会给你分配工作。

1977年国家恢复高考。1978年以后，改革开放也正式开始了。不少读书好的孩子通过高考上了大学，有机会进入政府机关和大国企工作。对很多农村孩子来说，这无疑意味着逆天改命，从过去的土里刨食变成了拿到国家的"铁饭碗"。

那时候考查的科目主要就是数理化,所以20世纪50年代那句"学好数理化,走遍天下都不怕",又在70年代末80年代初恢复高考之后流行起来了。这个时间段考上大学的那批人,可以说上升通道是最顺畅的。因为等到他们80年代初大学毕业走上工作岗位后就会发现,自己单位的领导年龄是存在断层的。很多领导年龄已经超过50岁,没干几年就要退休了。自己只要甩开膀子努力干,就能取得好的成绩。这批人基本上就是"60后"和少部分"70后"。他们是刚刚恢复高考以后考上大学的那批人。

就算没怎么上学的人,只要脑子足够灵活,也能抓住商机。因为生产力不足,供需存在缺口,那时社会的主要矛盾,是人民日益增长的物质文化需求和落后的社会生产力之间的矛盾。市场上的需求远比产能要大,只要手里有货就能卖出去。不少人下海经商,通过倒买倒卖,很快赚到了自己的第一桶金。倒爷是当时最流行的活儿,"十亿人民九亿倒,还有一亿在寻找"也成为社会上最流行的顺口溜。

现在我们看到的不少大型工业品生产企业,就是在这个时间段崛起的。因为当时很多低端配套产品国内生产不了,需要从国外进口。当时又没有互联网比价,价格并不透明。这给了很多通过"贸工技"[1]起家的企业积累第一桶金的机会。

---

[1] 指先做生意,实现一定的原始积累,求得生存,然后开发新技术、新产品,并进行销售,找到新的利润增长点。

从这个年代成长起来的人,他们看到的是,只要你敢闯敢干,遍地都是机会。改革开放初期的这段经历,让他们对这点深信不疑。所以王健林说过一句话:"清华北大,不如胆大。"这句话深刻反映了一个时代在首富脑子里的烙印。只要你胆大敢拼肯努力,就能像他们一样,在奋斗中完成阶级跨越,过上衣食无忧的日子。这时候当然也不存在什么专业劝退的问题,大学生的数量本来就少,国家也给安置就业。

二

如果说"60后"和"70后"赶上的历史机遇,是改革开放以后大量的岗位空缺,那么"80后"这一代,见证的就是我们国家入世以后带来的经济高速发展。加入世界贸易组织(WTO)这20年,是我国经济飞速发展的20年。不光海外订单大量涌入,国内建设也是如火如荼。

2000年的时候,中国的城镇化率是36.22%,高速公路里程只有1.6万千米,发电装机容量只有3.1932万千瓦。到2020年年底,中国的城镇化率已经超过60%,过去19年平均每年提高1.2%左右。高速公路里程已经达到15万千米,平均每年新增7000千米。发电装机容量已经达到约20.1万千瓦,差不多翻了7倍。短短十几年时间里,人类历史上最大的工业国横空出世。

短时间内快速发展就意味着,国家在大力投入搞建设,搞建设必然需要相关的人才。所以在建设过程中,土木、电气这类传统工科专业的人才获得了巨大的财富机会和上升空间，这就是国家快速发展赋予他们的红利。对1998年扩招前后进入大学深造的一代人而言，这一点体现得尤为明显。

他们毕业的时候恰好赶上2001年入世，这是国家开始大规模搞建设和经济飞速生长的起点。海外天量订单不断涌入，国家建设需求也是如火如荼，史无前例的巨大市场空间，带来了天量的人才需求。扩招之前，我们国家不管是高等教育人口的存量，还是这些建设配套单位的规模体量都比较小。市场突然间变大了这么多，这些单位接下来，必然的操作就是扩大规模。扩大规模意味着，这些部门都是新设立的，有更多的新增岗位乃至领导岗位给这些新人。

所以这批新人想要上升的话，遇到的阻碍是非常小的。很典型的就是设计院这个行业，因为设计是开发建设的前端。任何领域景气或者不景气，设计院往往是第一批感受到的。

2001年刚刚入世那几年，很多大型设计院每年新进单位的人员数量，是20世纪八九十年代的七八倍。因为这个阶段的中国，经济发展实在太快了。市场规模和订单增长的速度，远比人员增长的速度要快。带来的结果就是，千禧年之后的那几年时间，只要你在好一点的设计院工作，有点儿水平又肯干，每年就有三四十万收入。

当时名牌大学的建筑专业，能热到什么程度呢？还没毕业就有公司找上门，预付薪水。没干几年就能做个小领导，大笔的项目经费手上过。那时候房价也不高，在这种单位辛苦干一年就能赚出一套房的人比比皆是。

项目设计好了,就需要搞建设,建设就需要大量的钢筋水泥等建材。每年高速增长的建材需求,又带动了大量资本投入建厂,随之而来的是更多的工作岗位增长。这些项目建设好了,想要在短时间内投入运转,还需要相关人员运营维护,这又带来了工作机会的增长。

年轻人的升职机会也非常多,不少技术人员工作短短几年就成为核心业务骨干,再干几年就可以直接去新开的同类分公司,走上领导岗位。这类故事在那个年代屡见不鲜,而这一切都是国家处在快速发展时期,由那些经济增量带来的。

问题在于需求端不会永远高速增长,一旦野蛮生长到一定阶段,就会出现饱和。这时候经济就会变速换挡进入新常态,所有行业开始步入小步碎跑的缓慢增长阶段。这个转折点我认为发生在2010年。这一年差不多是"80末"那批人开始进入就业市场的时候。也就是从这个时候开始,产能开始变得过剩。怎么就突然过剩了呢?一方面是4万亿元投资以后我们新增了大量产能,另一方面是外部市场购买力也在减弱。

三

从2001年开始,美国人通过世界贸易组织WTO主导的贸易全球化,将东亚这个世界工厂和美元捆绑,用生产国的商品给美元做背书。生产国这边整体可以看成是生产端,美国那边是消费端。出口的这些日常消费品，主要供西方普通老百姓消费使用。2008年次贷危机以后美联储大放水，导致社会的财富越来越向富人手里集中，穷人手里的钱越来越少。巨大的贫富差距导致西方普通人的购买力越来越差，消费能力也变得越来越差。全球经济在这个阶段，也正式从之前的增量市场开始进入存量市场。

在增量经济时代，国家经济总量高速增长，人口红利也还在。低成本劳动力大量涌入城市，城镇化轰轰烈烈。各行各业快速扩张，企业无论大小，都有机会从市场里面分一杯羹。这个阶段就像"二战"时期的美国和20世纪70年代的日本。

到了存量经济时代，经济增长速度放缓，人口增长也同步放缓甚至停滞。劳动力红利越来越少，城镇化的空间也越来越小。这个阶段各行业都会发生巨大的分化，企业间竞争加剧，"大吃小"也会成为常态。20世纪80年代的美国和90年代的日本就处在这种状态。

为什么会出现分化和"大吃小"呢？因为产能过剩是市场经济的癌症。完成工业化的国家，在解决了基本的生产匮乏问题以后，如果没有科技突破或者开拓出新的市场，就很难再发展了。随着产能提升，大部分传统产业都会出现生产过剩的问题，然后大家开始打价格战。

最终的结果就是，各行各业回归平均利润，保持在一个仅能维持运转的微利水平，小公司的市场被大企业占领。企业利润水平不高，员工收入自然也提不上去，购买支付能力也没办法提升。因为产能源于需求，需求源于消费，消费源于工资。企业利润降低，则会减少工资，这是一个连锁反应。到了这个阶段，多数传统产业已经没办法像过去高速发展时期一样，给大家提供比较高的薪资福利水平。反而因为整个行业利润微薄，导致从业人员的收入多年不涨，这都是因为行业增量不再了。大学里面的多数传统工科，对应的就是这些陷入产能过剩的传统产业。这就是为什么现在几乎所有专业都在劝退，"85后"这批人面临的就是这种状况。

资本是逐利的，如果发现制造业产能过剩，传统行业投资无钱可赚，自然会转换思路，投向利润更高的行业。2008年之前驱动我国经济的，除了制造业投资，另外一个方向就是城镇化和房地产。所以在2008年4万亿元大放水出现、制造业产能过剩以后，最明显的现象就是资金开始脱离投资实体和制造业，转而涌入房地产和其他各类资产。这一点在全球范围内体现得也很明显，全球各大央行宽松放出来的钱都被人们拿去炒作资产。全球也从2008年开始，从之前的按劳分配逐步转向了2008年之后的按资分配。

因为从2008年以后，全球都已经从靠劳动和勤奋就有机会致富的时代，过渡到必须依靠资本和金融才有机会致富的时代。资金在利润驱动下，不断涌入各类资产炒作，大幅推高了资产价格。

四

不过资本巨鳄们在近些年是不屑于投资房产的，因为杠杆和超额利润实在是太低了。他们选择的是涌向互联网平台，试图通过砸钱补贴，最终砸出垄断的地位来获得更多的收益。这些年崛起的几个互联网平台，不管是网约车还是外卖，其实都是一样的打法。先是砸钱补贴买用户，等用户体量足够大，可以实现垄断的时候，就能对平台上的所有客户获取超额利润。到这里还不算完，他们还可以再把用户和数据拿到资本市场，再换一次钱。这种"一鱼两吃"，已经是互联网领域的经典打法了。

不过金融和互联网行业最大的特点就是，他们只是瓜分存量做二次分配，没办法从根本上解决劳动生产率停滞的问题。他们瓜分的存量，基本都是原来实体经济占领的份额。这也导致了最近几年实体经济越来越难做。因为在全社会收入总量一定的情况下，消费这个蛋糕总量也是一定的。大家都是按照自己的收入决定消费支出的。收入总量一定的情况下，互联网从里面分走的越多，实体能拿到的就越少。

这里我们举个例子大家就明白了。假如你是一个月入3000元的普通人，每个月3000元钱的进项，决定了你最多也就能花这么多钱消费。在互联网不那么发达的时代，这3000元钱多数是通过你每个周末去实体店逛街花掉的。现在互联网发达了，很多人也变得越来越宅，这3000元大部分通过网络花掉了。因为收入总量就这么多，消费的钱花在网络，就不会花在实体上。

实体参与者如果维持不变，每家分到的蛋糕必然是越来越少。这也是最近十多年电商兴起以后，大家觉得实体生意越来越难做的原因。本质上实体生意难做，就是因为消费这块蛋糕被网络不断切走以后，剩下的部分越来越少了。这些年除了计算机和金融专业，几乎所有传统工科专业都在劝退。这些传统行业本来就因为产能过剩，行业利润微薄，从业人员的薪资福利涨不上去。现在蛋糕又不断被网络电商切走，市场份额也在不断萎缩，在这种情况下，更没可能给从业者提供相对满意的收入。

干活能赚多少工资，很大程度上和你的公司赚不赚钱有关系。收入的差异导致了最聪明的那批人，削尖脑袋往金融和互联网行业钻。

五

以前有个可笑的说法是，开始薪水低不要紧，可以熬时间，有些行业越老越吃香。能得出这个结论的，大多都是基于自己过去几十年经验的中老年人。每个时代的红利是不一样的，用上个时代的经验去判断下个时代是非常可笑的。

一个人做选择的时候，忽略了对历史进程的研究，结果注定是一个重大悲剧。过去40年里，国家在高速发展，尤其是刚改革开放的时候，所有行业都有极大的人才缺口。拿大学来说，80年代的高校刚刚恢复高考，学校师资力量青黄不接。再加上当时大学生也少，很多人本科毕业就能留校，然后读一个在职的硕士或博士。那时候的老教授往往比那些留校的大二三十岁，没几年就要退休了。所以很多人上升也很容易，四十岁就做了教授，职业发展一片坦途。

伴随着中国高速发展，国家的科研投入也在加大，这批人又很容易拿到大量经费。随着年纪增长，事业也风声水起。可能那个时代学什么，都是越老越吃香。

现在同样是高校，博士毕业去到高校做青年教师，基本上是非升即走，压力和以前完全不可同日而语。恢复高考40年，培养的毕业生已经存量巨大，但是行业的增长越来越缓慢。增长慢了机会自然就少，新的坑位也少。再加上现在干部年轻化，你上一级领导都还很年轻，可能也就比你大个10岁左右，基本上是一代人。熬到他退休你当管理层还不知猴年马月，怎么可能还会像以前一样资历越老越吃香？

前两年总听人说，生化环材、机械这类传统工科，很多都是天坑专业。不光是就业不太容易，薪资水平也上不去。其实不光是生化环材、机械，除了金融、计算机等少数专业，现在几乎大部分专业都已经陷入这个状况。原因是经济已经逐步从过去的高增长时代进入中低增长这个新常态。未来步入存量博弈，已经是不可避免。

当经济有增量的时候，大家日子都相对好过；当增量不再的时候，就开始难熬了。所有专业都在劝退，本质上是因为经济增长放缓以后，蛋糕都被分完了。传统行业分完了，计算机也快分完了，存量市场就是这种状况。

目前可以说没有一个专业对口的就业市场，除了计算机类专业相对好一点儿。因为近10年，移动互联网是新兴行业。这个行业不断从实体经济把存量蛋糕抢过来，近几年增速又非常快，才给了从业者大量的上升机会。以前是增量市场的时候，有大学生这个身份就能找到好工作了。在存量市场的时候，一个人仅仅靠大学生这个身份并不意味着就一定能找到好工作，还得所学的专业能够为有前景的行业所用才有前途，最近10年的互联网行业就是典型案例。

这种情况下，不劝退又能怎么办呢？劝退的本质是大学生太多，社会提供不了这么多优质岗位。这些年太久没有新的科技革命了，什么生物科技、人工智能、热核反应，大家都在押宝。到目前为止，谁也不知道能不能真的实现突破，搞成一个就是几十年红火，成不了就继续内卷。随着社会进入中低速增长，全社会能提供的机会越来越少，发生在"70后""80后"身上的教育投资带来阶级跨越的概率会大大降低。

六

之前看到一篇文章，内容是有关很多年轻人这两年都不太想努力开始"躺平"这件事。作者在文章里面讲了自己身处一、二线城市的四个同事。几个人差异最大的地方，就是家庭条件和背后的资源支持。日子过得比较好的，基本都是家境比较好，与个人努力的关系不能说没有，但关系不大。而且不同家境的孩子面对工作的态度也不一样，因为身上背负的压力不一样。

这个作者描述的情况，与这两年我所观察到的情况差不多。大学生毕业两三年以后，生活分层越发厉害。这个分层的主要因素不是受过什么样的专业教育,而是家庭提供的资源支持和财力支持。从统计数字上看,下一代人过得好不好,越来越依赖于上面一两代人的积累。父母手里有积累,能在大城市资助得起孩子买房,和孩子自己白手起家,完全靠薪水过日子的,完全是两个世界。

这是因为目前起步阶段的原始积累,已经很难靠一个普通年轻人自己单打独斗完成。即便这个年轻人身处一线城市,能为其提供30万元以上年薪职位的企业,可以说是凤毛麟角。毕竟大部分企事业单位都是传统行业,拿到手的年税后收入通常都在15万元以下,就算是一线城市也是这样。

传统行业给不了高薪,道理也非常简单。多数传统行业早就步入成熟期。整个行业利润都很微薄,也就很难给出高薪。只有少数新兴行业,在资本砸钱快速扩张的时候,才能给新入行的人提供高薪。

这些新兴行业能容纳的就业人口非常有限,竞争非常激烈,且并不是人人都有条件进入。多数传统行业的薪资水平提不上去,但房价涨了很多,这导致没什么家底的年轻人想在大城市留下来越来越难。如果你没办法靠买房买资产和大城市绑定,那么本质上这个城市与你无关,你能做的仅仅是为这个城市发光发热。

10年前房价没现在这么高的时候,一个年轻人还有可能凭借自己的努力,在大城市扎根。现在除了少数好学校好专业毕业的优秀学生,比如名校出来就去做高收入工作的金融或者计算机专业的学生，其他行业的年轻人基本很难仅凭自己的努力，在大城市立足。未来随着社会发展速度变缓，整个社会能提供的机会变少，已经是必然。

未来社会拼的是个人获得优势位置的能力，以及获得资源支持的能力。未来的机会显然会更少，而不是更多。如果你现在不能积累一些东西，将来你的孩子的处境会更难。

网络上曾经有一句很火的话："我家几代人的努力，凭什么输给你的十年寒窗苦读。"这句话让很多人听起来觉得不舒服，但这是不争的事实。作为普通人，你一生的努力必定是拼不过人家几代人所积累的。

这里可能有人要说了，那我去创业，赶上的速度会不会快？我并不鼓励大家在没什么特长的情况下去创业。因为时代不同了，现在多数传统行业并不适合新人大展拳脚。这几年做小生意赚钱越来越难，如果自己没有特殊的技能，还是不要去创业。因为传统行业已经定型，你作为一个新人凭什么能赢过那些搏杀多年的老前辈呢？

个人的努力和决策选择，从来都是和历史进程捆绑的。"70后"和"80后"日子相对好过，并不是因为他们比"90后"和"00后"更有能力。事实恰恰相反，"70后"和"80后"因为经济条件限制，能力和眼界总体比不上"90后"和"00后"，很大程度是赶上了时代红利而已。

现在红利期已经过去了，在国内多数普通人还能挖掘机会的地方，一定是刚刚产生的新兴行业，而且是年轻人在玩的那些新东西。这种行业获得丰厚收益的可能性才更大,类似的机会在传统行业根本就不可能存在。道理也很简单,新领域不存在老前辈和原始积累,大家都是新手小白,也更容易出头,比如这几年流行的短视频与直播。这些东西前辈都不会去涉及,也不存在资历的门槛。所以我们会看到,不少年轻人在这些新兴领域赚到了钱。

每代人只能抓住属于自己时代的机会,追赶上一个时代的机会,是非常难的。有人曾说过:"一个人的命运当然要看个人努力,但也要考虑历史的进程。"

央行如何拯救经济

每次我讲到经济危机问题和印钞放水,用来举例说明的主要对象都是美联储,很少涉及其他国家的央行。每次都从美联储说起,最直接的理由就是:美联储控制着美元,而美元是唯一的世界货币。

危机的四个阶段

某证券曾经复盘过历次危机的四个阶段,以及期间大类资产的表现情况。随着经济基本面和美元流动性的变化,不同类型的资产会显现出不同的走势。

当经济基本面和美元流动性同时恶化的时候,就是很典型的危机状态。在这个阶段,大家往往对经济信心不足,避险情绪也非常高涨。在这种情况下,所有风险资产类似股票都会被抛售,价格也会暴跌。

最恐慌的时候,哪怕是人们觉得具有避险属性的黄金和债券也不例外,这是现金为王的阶段。2020年3月新冠肺炎疫情暴发的时候，大家为了获得流动性而不断抛售各种资产，同时买入美元避险。这时候我们看到的是全球风险资产价格都在暴跌，只有美元指数因为全球避险买入在暴涨。

因为有过2008年金融危机的教训，美联储和全球主要央行这时候并不会放任危机爆发。所以我们才会看到面对经济颓势，全球央行很快出手救市。各种救市政策频出的同时，也在不断注入流动性，什么降息降准量化宽松，各大央行入市买公司和商业票据。这时候因为利率是下行的，在这个背景下，我们会看到债券和黄金开始上升。

随后市场开始步入第二阶段，美元流动性得到改善的同时，经济基本面并没有好转。以疫情期间为例，仅仅注入流动性是没办法改善市场需求的。因为大家遇到疫情都躲在家里，不敢出门消费，提振市场需求无异于天方夜谭。

这些注入的流动性和财政刺激，需要等到疫情影响控制得差不多、经济开始恢复时，才能变成真正的需求。所以全球主要央行注入流动性的阶段，股票市场和大宗商品市场，依然还会有很大的下行压力。

等到疫情的影响开始被控制住，之前的财政刺激和货币刺激逐步转化成市场需求。市场从这时候开始，才逐渐到达第三阶段，美元流动性和经济基本面同时都处在良好阶段。

这个阶段已经开始复工复产，经济也逐步复苏，所有资产价格也都迎来上涨。经济基本面不断复苏，会推动债市和黄金进入调整期。利率也会开始因为经济好转，资金需求量增大，开始出现走高。

为了推动经济继续复苏，这时候各种财政刺激依然不断。等美国经济刺激正式实施以后，经济会从之前的复苏开始进入过热初期。既然疫情已经步入可控阶段，经济又开始走向正常。为了防止大规模刺激而导致经济过热，经济刺激政策就要考虑退出了。市场逐渐步入经济基本面改善，但是美元流动性开始收紧的第四阶段。

2021年夏天的通货膨胀，已经出现明显升温。随后的一年多时间里，我们应该能看到，流动性收紧随之到来。等到流动性持续收紧几次以后，高位的资产价格就会出现崩塌。市场又会回到第一阶段，即美元流动性和经济基本面同时不容乐观，从而完成了一个循环。

因为通货膨胀流动性收紧

2020—2021年疫情之后一年多时间内经济的变化，是不是有点儿美林时钟在加速的感觉？因为信息传播速度变快和美联储史无前例的大放水，美林时钟已经变成了美林牌风扇。每次经济走到过热期，人们最怕的就是加息，因为往往这时候资产价格已经处于高位。

利率水平的上升，对高位的资产价格可以说是噩耗。历史上资产价格泡沫被刺破，多数也是因为通货膨胀起来以后加息。而现在通货膨胀已经取代疫情，成为很多基金经理最担心的风险问题。

疫情后美国的5年期通货膨胀预期，也已经远远超过了30年通货膨胀预期，这是历史上非常罕见的事情。虽然美联储现在一直表示如果平均通货膨胀率不起来，就不会加息。但是等通货膨胀起来，尤其是食品领域通货膨胀起来的时候，加息刺破泡沫就成了摆在明面上的事情。

有人要问了，不加息不行吗？既然知道加息会刺破资产价格泡沫，为什么还要加息？其实原因就是美联储决定加息与否的衡量标准，主要不是资产价格，而是物价和就业。

2008年金融危机发生的原因是美联储连续加息，但是倒退回2007年，美联储依然会选择这么做。要知道加息不仅仅是经济行为，同时也是政治和社会等因素共同作用的产物。很多人不明白的是，经济发展到一定程度，增速不一定要非常高，而是要稳定并可预期。

经济数据快速增长，但通货膨胀率不可预测才是最大的问题。今年通货膨胀3%，明年通货膨胀20%，这会影响大多数市场的决策。

通货膨胀的不可预测和流动性危机一样，都属于信任危机，是对货币和未来经济增长的怀疑和不信任。美联储作为美元这个世界货币的发行机构，它需要做的是在稳定国内情况的同时要考虑全球其他国家的情绪，力求维持全球国家对美元的信任。

长期以来许多国家宁可被美国剪羊毛，也要囤美元美债。一方面因为美元是世界货币，可以在世界各地通用，购买各国所需的大宗商品；另一方面是因为美元美债的预期非常稳定，信用好，流动性也很强。在现今情况下，世界上至今还没出现其他货币能够替代美元的地位。

除了通货膨胀预期和货币信用的问题，美联储加息与否还必须考虑实际通货膨胀压力，这一点也是全球央行都在考虑的重点。消费品尤其是食品价格的上涨是各国所不能承受的，毕竟不能让人们吃不起饭。食品价格上涨的压力，会让央行不得不开始考虑加息和收紧货币政策。因为没有哪个国家能承受食品价格上涨过快所带来的社会秩序失控的后果，美国也不例外。

然而在经济过热、资产价格高位的背景下，加息从来都是一个两难的选择。不加息回收货币的结果就是物价飞涨，老百姓怨声载道，社会秩序失控。然而加息之后又会带来债务崩塌，那时候我们就会看到美股大瀑布的到来。

每次危机都很相似

世界步入工业时代以来，最近几百年世界性经济危机爆发的征兆都是在不断重复的。虽然因为历史时代不同，表面上看历次全球经济危机都有当时那个阶段独有的特点，但如果从底层逻辑来观察，任何历史时期发生的全球性经济危机，共性依然非常一致。

首先是从社会整体看，由于贫富分化走到极致，导致全球消费市场的饱和。毕竟日常消费品还是要靠普通人消费的。1929

年发生的大萧条，就是因为社会贫富分化以后，普通人口袋里没有钱。生产出来的东西卖不出去，资本家自然就要降低产量，减少劳动力雇用。减少劳动力雇用，又会造成更多的人失业。

普通人失业以后更买不起东西，资本家只能进一步减少雇工和降低产量。在这种情况下，整个经济就循环不起来，还会陷入"产品卖不出去→老百姓失业→产品更卖不出去→失业加剧"的循环之中。

其次是到了这个阶段，因为全球消费饱和化，往往会呈现出制造业大国集体产能过剩的局面。这种产能过剩从国际上看，会使得世界主要制造业大国出现各种贸易争端和矛盾激化的情况。

之前的1929年大萧条也是这样，因为全球陷入消费饱和，制造业大国产能过剩。当时的世界消费中心美国竖起贸易壁垒，英国搞起了殖民地内部大循环，后发的主要工业国日本和德国，因为国内普通人太穷，消化不了国内的过剩产能，而国外的主要市场英国和美国又关上了大门，所以他们只能转向军备领域消化过剩产能，通过征兵和扩军创造就业。因为大量征兵和扩军，可以消化无法就业的民众。兵员多了自然需要军备，过剩产能生产出来的军备，也就被消化了。不过军队不能无限扩张，维持这么庞大的军队如果不打仗，国家就会走向破产。随后德国、日本这些国家发动"二战"，对外掠夺财富、消化军备，防止国家走向破产就成了必然。

工业化大生产使得生产力水平大幅提高，产能变得不再是问题，反而出现了相对过剩。怎么消化这些过剩的产能，怎么让投资这些产能的资本赚到钱，才是最大的问题。产能过剩，东西销售不出去，投资制造业不赚钱，资本自然就会转向其他赚钱的行业。

为什么国家一直呼吁资本投资制造业，大家却充耳不闻地拿着钱跑去投资其他热门领域，而不愿意投资实体经济，还不是因为实体经济的投资回报率低。所以这个阶段大家看到的很明显的现象就是：之前制造业积累的财富和利润，持续转移涌向各种资产，推高资产泡沫。这导致劳动所得和资产增值所得的差距不断拉大。

在低息环境下，资产价格泡沫会不断积累。等泡沫大到一定程度时，就会变得非常脆弱，对利率非常敏感。后面如果通货膨胀来袭，央行被迫提高利率，就会刺破高位的资产泡沫，从而引发一系列的连锁反应。这些年我国一直推出各种政策，不断打压房地产市场变相加杠杆，就是为了防止资产泡沫太大。

现在美股没有飞流直下，很多人在楼市高杠杆投资，是看不出任何问题的。等到美股开始大跌，全球金融危机拉开序幕，高杠杆的投资压力也就来了。现在不停地限制楼市加杠杆，提高首付比例加厚银行安全垫，本质上就是在预防后面美股暴跌，引发全球金融危机以后的连锁反应。

经济的核心问题是货币，我们可以把货币理解为信用凭证。货币的诞生就是为了取代物物交换，本质上就是一种信用。我相信你给我的一般等价物（货币），能换到我想要的东西，这就是货币的信用。因为这个信用的存在，一般等价物是什么都无所谓。可以是开始的黄金、贝壳，也可以是现在廉价的纸币甚至是电子符号。

这些信用依托央行存在，整个市场的信用就是央行的信用，凭借央行的权威性做保证。到了现代社会，钱等同于信用，也等同于债务，可以说债务决定了货币的扩张。所以我们会看到，经济的繁荣和债务杠杆的提高基本上是同步的。这些债务的周期有长有短，短期债务量达到顶峰的过程，也就是经济繁荣的顶峰。往往一些富翁最风光的时候，就是债务杠杆扩张最快的时候。

当整个社会步入偿债期，此时我们会看到短期经济萧条和危机诞生。这个短期债务周期的间隔，差不多是10年。如果把时间拉得更长，会发现长期债务周期间隔大概是60年，也就是我们说的康波周期[1]。短期债务周期叠加长期债务周期会发生什么？上次发生了1929年经济大萧条，随后爆发了"二战"。

如果做过统计也会发现，历史上的每一次危机多数是从证券市场泡沫破裂开始的。首先是股市或者债券市场崩溃，之后引发了连锁反应，各种高估的资产泡沫都会随之破裂。银行体系因为资产泡沫破裂收紧贷款，市场上的流动性枯竭逐步影响到实体经济。这个阶段其实大多数普通人还没什么感觉。

等到失业率和收入下滑传导到居民层面，往往已经是传导的最后一步了，这时候危机已经步入中后期（因为危机是分阶段

---

[1] 康波周期是指经济学家康德拉季耶夫分析大量统计数据后，发现发达商品经济中存在的一个为期50～60年的长周期。

的)。美国20世纪30年代大萧条和2008年经济大衰退，起因都是股票和债券市场崩盘。企业在信用紧缩的背景下，根本没法借到钱，直至慢慢扩散成整个经济体的危机。

这一切发生的时间跨度，远比大家想象的长，可能是一年时间，也可能是几年时间。比如距离我们最近的那场次贷引发的全球金融危机，早在2007年秋季就已经发酵。但这时候大多数人并没什么感觉，只是觉得股市貌似开始下跌了。如果看各种资料，多数人都觉得危机是在2008年发生的。

因为2008年基本处于危机顶峰，标志性事件也出现了——雷曼破产了。这时候美联储不得不被迫出手救市，充当最后贷款人的角色，以拯救经济。多数人这时候才恍然大悟感受到危机来了，其实这个阶段，都该准备出手抄底资产了。

每次危机以后，央行能采取的手段并不多，也就是固定的"三板斧"。比如大规模印钞票搞经济刺激，就是一定会用到的一种手段。大量印钞会让人们手里的钞票贬值，带来资产价格上涨。穷人手里并没什么资产，所以会进一步加剧贫富分化。

从历史上看，遇到金融危机，央行救市固定的"三板斧"从来没变过，基本就是稳定金融、刺激经济和准备退出三个阶段。稳定金融的方式，主要是稳定资产负债表，从资产负债表的构成因子来解决问题。

资产负债表的公式是：资产等于负债和本金之和。我们可以看出，这里面有资产、负债和本金三要素。所以央行稳定资产负债表的方式，依然是"三板斧"：稳定资产价格、降低负债成本和注入本金。

在2008年全球金融危机的时候，美联储通过什么手段来稳定资产价格呢？答案就是大量买进资产。为稳定资产价格，美联储首先会自己下场买货，承接市面上大型机构的抛售。这等于是主动下场，通过增加市场上的购买力，直接稳定资产价格。

2020年因为疫情导致资产价格暴跌的时候，其实美联储也下场了——通过大量买入企业债和垃圾债来稳定资产价格。降低负债成本这件事就比较容易理解了。每次危机我们都会看到美联储降息，这本身就是在降低负债成本。

在过去的加息周期里，我们一般会看到美联储会把联邦利率升高到3.5%以上。这个循环操作，除去收割国外财富，本质上也是在为资本主义的周期性衰退做准备。因为降息的前提，首先是有息可降。所以我们会看到经济只要复苏，美联储就一点一点小心翼翼地加息，美其名曰防止经济过热。其本质目的一方面是通过加息带动美元回流，来收割海外资产填补亏空；另一方面是积攒后面过冬的口粮，等经济再衰退时候，可以再用降息的手段刺激经济。因为一旦衰退开始，美联储手里有三四个点的利息可以刺激经济，就能让危机平稳度过。

通常一般程度的衰退，只需要3个点的降息和一两万亿美元的量化宽松就能拉回来，之后经济会自己恢复。但这种辛苦攒下的救命钱，平时是不能拿出来用的，不然到了关键时刻手里就没有筹码了。所以通常只有三种情况值得触发大规模降息救市：失业率快速上升、股市急速下跌和通货紧缩。

我们知道2008年那次金融海啸非常剧烈，美联储除了入市购买垃圾资产，就是快速降息。但2008年这次直接用掉了5个点的利息，这等于说美联储手里储备的子弹基本打光了。2015年开始，美联储正式开始加息，一路把利息加到了2点多的位置。美联储就是天天挨骂，也必须硬着头皮继续加息。因为这一年是美国收割全球和危机时代储备子弹的开始。

不过这次加息最先刺破的不是别人家的泡沫，而是自己家用企业债回购堆起来的股市泡沫。所以我们才看到，在2019年的时候，美联储居然在加息和收割别国资产的目标没完成的时候，突然降息了。原因就是自家股市扛不住加息，开始暴跌了。后面突如其来的疫情，加剧了这个过程。美联储被迫连续降息的同时，开启了无限量化宽松，打光了手里所有的子弹。

要知道过去已经十多年都没有发生过经济危机了，资本主义的10年经济小周期差不多已经到了。原本酝酿中的美国债务危机也在这里伺机等待爆发，这次甚至叠加了60年长债务康波周期。

现在美联储就已经打光了手里的所有子弹，后面美股跌下来的时候怎么办呢？未来可能除了负利率和无限量化宽松，就没什么其他办法了。最后还能选择的，只有注入本金这个操作。

在2008年那次金融海啸的时候，注入本金是特别常见的手段。我们看到2008年美国注资抵押公司房地美和房利美，注资美国银行，本质上就是注入本金，防止这些大型金融机构因为资产价格下跌，导致本金损失殆尽，最终不得不破产，引发更大的金融海啸。稳定金融的操作完成之后，后面的刺激经济，是通过量化宽松政策这个手段实现的。

从原理上说，通过量化宽松刺激经济，其实和稳定金融市场的降低负债成本的道理是差不多的。只不过量化宽松降低的是整个社会的资金成本，还有就是把资金从国债这种避险资产赶到股票这种风险资产中去。

从2008年开始，美联储通过几次量化宽松政策，也就是我们常说的QE[①]操作，购入美国国债。国债也是一种商品。既然是商品，那么价格就是由供需决定的。美联储通过QE的方式买入美国国债释放资金，导致的结果是美国国债价格上升，国债收益率下降。

这里面国债价格和国债收益率是相反的。国债收益率越来越低，导致之前避险的大型基金和机构不得不选择转向股票这个风险资产市场。最终大量资金转向股票市场的结果，就是股票市场的价格被不断推高。市面上低廉的利率成本导致了企业发债回购的成本在不断降低。很多企业都在不断发债搞回购，推高业绩和股价，也就有了后面10年美股长期牛市的启动。

美国普通人的财富主要集中在股票市场，股价上涨带来的财富效应刺激了消费和投资，也给美国经济注入了活力。

从2012年步入上行周期开始，美国就不断在全世界制造各

---

① QE即是量化宽松政策，是指中央银行在实行零利率或近似零利率政策后，通过购买国债等中长期债券，增加基础货币供给，向市场注入大量流动性资金的干预方式，以鼓励开支和借贷，也被简化地形容为间接增印钞票。

种危机促使美元回流，试图通过资本快速流动收割他国优质资产。欧洲共同体国家的外汇储备在2012年出现了明显拐点。美元资本看到了回流的信号，2014年下半年开始回流速度加快了，美元指数开始了一拨快速上涨。到了2015年年初，美元指数从80涨到了100。

美元指数的快速走强，就是告诉全球各路资本，我们的紧缩收水要开始了。紧缩收水的同时，拉爆全球资产价格，收割全球资产。历次美元潮汐里面，美元走强的阶段，对后发国家的资产价格都是一场噩梦，因为这个阶段必定有一个区域资产价格会崩溃，之后被美元资本杀个回马枪收割。20世纪80年代的拉美、90年代的东南亚，其实说到底都是被同样的套路收割。

10年美元走弱，走弱的时候美元放水刺激经济，推高全球资产价格，稀释自己的负债。6年美元走强，走强的时候美元收水退出刺激，拉崩全球资产价格，资金回流的同时，转身抄底填补自己的窟窿。这16年一次的轮回，就是美国吹大全球资产价格泡沫和收割他国贬值资产填补自家亏空的全过程。

从2014年开始的美元指数上涨，其实就是美联储开始加息，准备放弃刺激经济了。那为什么本来应该2012年就要开始的退出，到2014年才正式启动呢？因为2007年开始的次贷危机使得美国自己也出了问题，直到2014年才缓过劲来。

所以从2014年开始，我们就看到美国开始按照过去的各种套路操作了。无论是地区问题，还是后面的贸易冲突，都是想通过制造区域动荡洗劫其他国家的财富。可惜这次美国的对手并不是东南亚和拉美这种弱势国家。

这次美国没有收割到财富,之前累积的国债企业债问题却完全爆发了。美国不得不停下加息的脚步,突然180度转弯开始降息,因为再加下去就要自废武功了。后面就是2020年疫情来了,美国被迫再次无限量化宽松。

可以预见的是,下一轮危机产生的时候,全球央行也并不会有什么新花样,依然还是这"三板斧"。因为在没有热战发生可以刺激需求的背景下,央行能采取的刺激经济措施依然还是这几样。事实上从金本位瓦解开始,就意味着现代金融体系已经步入信用时代。

本国发行的货币只是一个低成本的工具。你把它当成钱可以,当成纸也可以。最终目的是通过调节货币这个工具的数量和价格,维持经济和就业稳定。在未来很长一段时间里,资产价格大概率还会继续上涨,劳动所得依然无法和资产所得相匹敌。

美联储也没有什么更好的手段,只能靠一次次的印钞,尝试把钱送到穷人手里。不过和央行期待的结果不同的是,每次印钞以后都是富人更富、穷人更穷。比如疫情之后,因为全球央行大放水,各国拥有3000万美元以上财富的富人的资产都在大幅增长。很多穷人却失去了工作,只能靠领取政府发放的财政救济才能勉强把日子过下去。

不断印钞支撑经济的结果就是:钞票越印越多,资产价格越来越贵,社会整体的贫富分化越来越大。说起来每次经济危机的根源,都是剧烈的社会贫富分化之下,资本还在继续投资,试图获得利润。但是普通老百姓因为口袋里没有足够的钱，没有办法消耗掉这些产出。投资持续亏损和大量过剩产能停滞，意味着资本的湮灭，大萧条也就来了。

等到社会贫富分化和穷人数量大到一定程度，就会在政治上产生强大的破坏力。要知道现在40岁以下的美国人手里，只有不到6%的社会财富。这批人一旦出现大规模失业的情况，最终的破坏力会非常惊人。

那么为什么过去二三十年一直采取这种策略，却没有出现问题呢？因为如果我们把社会看成一个整体，贫富分化程度也是有个临界点的。回顾历史会发现，每次前10%的人拿走了45%以上财富的结果都不太好。第一次到这个位置首先发生了1929年大萧条，随后发生了"二战"。第二次到这个位置是2007年，随之而来的是2008年发生了次贷危机。第三次就是疫情之后，不知道这次史无前例的社会贫富分化，会不会引发经济危机或者更大的问题。

印钞机正在悄悄偷走你的钱

很多人都把精力放在调整资产配置上。原因也很简单，在美联储持续大放水的背景下，现在持有现金已经是一件很不划算的事情。美联储的资产负债表在仅仅半年的时间里就扩张了3万多亿美元。这意味着你手里持有的现金，其购买力在持续贬值。而美联储一直在用印钞的方式，从全世界各国那里偷钱。

不管谁上台做美国总统，短期内都会给富人们更低的利率、更低的税率、指数更高的股市，以及带来后面更加骇人听闻的贫富分化。如果你把美联储理解成全球央行，会看到疫情暴发之后六个月美联储这个全球央行的资产负债表扩张了将近一倍。看数字的话，是从之前的4万亿美元左右，扩张到现在的7.36万亿美元。要知道美联储过去印钞100年，也不过只有4万亿美元的资产负债表。现在美联储因为疫情，突然把资产负债表扩张了将近一倍。最终对我们的购买力会造成什么结果呢？我们做个粗略估算，大家就知道了。

我们知道货币本身不代表财富，货币只是衡量财富的一般等价物，真正代表财富的是实物资产。每个国家的实物资产和服务，可以用该国的GDP，也就是国民生产总值来表示。

计算该国货币价值的公式就非常简单了，用该国的GDP除以印钞总量就等于单张钞票代表的实物价值。这个单张钞票代表的实物价值可能有点拗口。我们可以把它理解成单张货币能买到的实物资产，也就是我们说的货币购买力。

如果从全球范围看，美联储这个全球央行才是决定全球货币印制数量的核心。美国是发达国家，每年的GDP增速并不快，也就是2%~3%的增长速度。那么在美国GDP没有增长的情况下，印钞总量增长了一倍，就意味着单张钞票代表的实物价值贬值了一半。换句话说，也就是所谓的货币购买力贬值了一半。美联储通过印钞，"偷走"全世界那些持有美元的国家的钱。

这种规模的大印钞，如果发生在津巴布韦这样的国家，货币早就贬值成废纸，通货膨胀早就上天了。原因也很简单，津巴布韦国内的实物资产总量就那么多，这种国家的货币到国际上买东西别人也不认可。

如果津巴布韦国内的实物资产总量是100的话，政府突然实行了大印钞，把之前的货币总量从100变成了1000，这意味着货币总量扩张了10倍，每张货币能买到的实物资产只有原来的1/10。想要买进与原来同样规模的实物资产，人们就需要花之前10倍的钱，这时候大家就感受到物价飞涨了。

为什么美国这么印钞就没事呢？因为美元是国际货币，和原油挂钩。全球贸易的60%都是用美元结算，大部分国家的外汇储备也都是美元。这就导致美联储虽然印了很多钞票，但是美元不只是能在美国国内买东西。全球各国都认美元，美元可以在世界任何地方、任何国家买东西，美联储是实质意义上的全球央行。

这等于说美联储印的美元，对应的是全球各国的实物资产总和，各国等于是帮助美国分担了印钞带来的通货膨胀。这也是虽然美联储印了这么多钞票，美国资产价格涨了，但是从绝对涨幅上看，并没有和印钞速度绝对匹配的原因所在。

所有资产价格上涨都是货币现象，不管我们看到股市上涨，还是楼市股市上涨，其实都是这个道理。底层逻辑其实非常简单，本质就是钞票印多了。很多人都开始把精力放在资产配置上，就是因为在现在美联储这个全球央行印钞的背景下，持有现金就等于让自己的购买力被动贬值。这里可能对那些低收入群体影响较小，影响最大的还是手里有一点儿积蓄的中产家庭。在泡沫增值的时候没有赶上，那么泡沫破灭的时候，买单的人肯定少不了你。

如果你手里有不少现金，那就要考虑转变思路了。因为大量印钞以后，货币购买力贬值的速度远比你想象的快。如果一直拿着现金，最终一定又会像2008年大放水以后一样，持有100万现金和100万资产的人，差距在印钞的背景下会被迅速拉开。

看准

关于美国债务那些事

纽约曼哈顿第五大街有个大型电子计数器在实时更新美国的公共债务总额。如果我们把特朗普离任的2021年1月20日作为分水岭,那时候美国国债总额是27.81万亿美元。拜登上任以后,很快又拿出了1.9万亿美元,继续搞经济刺激。这样的话,拜登上任第一年,美国的国债就很可能会突破30万亿美元。

一直有人好奇,美国借这么多债,到底能还得上吗?要知道中国还持有上万亿美债呢。这债务规模越来越大,最后会不会崩盘或者赖债?接下来我在这里聊一聊这个话题。

内债不是债

首先大家要搞清楚的是:外债负担才是一种确实的风险,内债是没有风险的,可以说内债根本不是债。简单说,当一种债务用本币来计算的时候,这时候我们可以把它称为内债。内债本质上是一种铸币税,是愿意相信该种货币信用的人交的税,内债是不用还的。

讲到这里，可能有人会不明白。为什么用外币计价的外债，会带来实实在在的风险，但是本币债基本不会带来问题呢？因为只要你借了外币债，还债的时候就必须用外币来还。换句话说，你手里没有这种外币的话，到时候就没办法还债。

我们可以回顾一下，美元国际化以来，历次各地区发生金融危机的时候，是不是一样的剧本。最初都是美联储全球放水以后，廉价的美元热钱开始大规模流入某个区域或者国家。这些流入的热钱，一部分以美元债务的形式流入当地搞建设，推动当地经济发展。除去搞建设的这部分钱，另一部分美元热钱流入以后，会参与到资产价格投机中，不断推高当地的资产价格泡沫。等资产价格泡沫高到一定程度，美联储开始收缩货币以后，国际炒家就要动手了。他们会用各种手段，消耗这个国家或者地区的外汇储备，同时利用舆论大肆渲染当地的风险，引发恐慌效应。在恐慌效应加持之下，大家会疯狂兑换美元。这个国家或者地区的外汇储备，很快就会消耗殆尽。伴随的结果就是当地货币兑美元汇率会出现大幅贬值乃至崩盘，资产价格泡沫也随之破裂。

可以说历次美国通过货币紧缩制造金融危机的过程，最开始都是想办法制造恐慌，消耗对方的外汇储备。等对方外汇储备不够了，再通过一些手段引发恐慌性挤兑，之后就是汇率崩溃和资产价格崩溃。这时候美元资本就可以廉价介入，用美元来抄底该国用本币计价的优质资产。

这些国家之所以会发生危机出现破产，主要原因就是它们借的是美元外债。正因为外债会带来严重的后果，所以美国的法律对外债问题也是有一系列规定的。美国可以没收外国政府和民间持有的资产和债务，也就是把外债赖掉不还了。

不过实事求是地讲，未来这种情况发生的可能性很小，或者说基本没可能发生。因为自打美元变成世界货币以后，外债这个概念对于美国来说，已经不存在了。这里必须强调的是，20世纪最重要的事情不是"一战""二战"，也不是苏联解体，而是美元和黄金脱钩，再和石油挂钩。从这天起，一个真正的金融帝国诞生了，整个人类都被纳入美国的金融体系中，美元的全球霸权也是从这个时候建立的。要知道目前美国所有的债务都是用美元计价的。美债也都是本币债，你说它更像内债还是外债？

正因为这样，这里也可以得出一个结论，在未来很长一段时间之内，美国一定不会出现大家担忧的所谓债务问题，因为美债根本就不用还。所谓的债务问题爆发，只可能是美国债务规模大到利息都还不上了，才有可能出现。

外债问题的严重性

讲到这里，可能很多人还是不太明白，为什么外债带来的问题很严重。这里用1997年亚洲金融危机这段历史讲解一下，就很容易懂了。

自打美元成为国际货币以后，美联储就成为实质意义上的世界央行。美元指数走势的背后是国际资本的流动方向，走低相当于开闸放水，走高相当于关闸减少流动性。每次高低起伏的过程，就意味着剪羊毛的过程。剪羊毛是通过资本快速流动实现的。资本快速流动带来的最大危害是资产价格大幅波动。土地、工业产能和基础设施代表的财富不会也不可能迁移，但是陷入债务危机的国家被要求门户大开之后，会被美元资本杀回马枪抄底。

1984—1995年，美元指数开始步入下行周期。大量美元被美联储释放出来，涌入当时经济最亮眼的东南亚。我们知道经济快速发展的一个特点，就是要花钱搞建设。因为发展速度快，这个阶段到处都需要钱。

通常钱从哪里来呢？主要来自本国居民的储蓄，本国储蓄不够的话，就要选择从国外融资。也就是说，发展建设的钱要么向本国的老百姓借，要么从国外投资者那边借。

多数国家发展初期，老百姓都非常穷，口袋里根本没有什么钱。所以从更有钱的国家（如美国）借钱搞发展，就成了它们为数不多的选择。要是再赶上美联储放水，导致美元步入下行周期，这时候美元通常也会进入降息贬值周期。这个阶段那些需要钱搞发展的国家，从美国借外债发展，显然比向本国老百姓借钱搞发展更划算。道理很简单，一方面美联储放水外部资金充裕，导致了这一阶段借美元债务利息更低；另一方面美联储放水导致美元贬值，这些借债的国家本币升值，还能赚到汇率差价。

利息很低的事情大家应该能想明白，因为利率代表的是货币的价格。这个价格大致和GDP增速，也就是实物财富的创造能力导致的货币需求正相关。发达国家通常已经步入成熟期，GDP增速必然比发展中国家慢，所以利率会相对更低。

汇率差价是怎么赚到的呢？因为美联储开闸放水，美元进入贬值和降息周期。这意味着债务国借的美元债务，因为本币升值会有一个汇率差，客观上减少了债务。

举个例子，如果美元兑泰铢是1∶20，这时候你向美国借1美元，用本币计算需要还20泰铢。后面因为美元贬值，美元兑泰铢汇率变成了1∶15。这时候用本币计算债务，你只需要还给美国15泰铢就好了。在这个美联储放水导致的美元下行期里，你不但可以低息借美元债务搞建设，如果用本币计算，说不定扣掉利息，还能赚几泰铢的汇率差价。当年泰国人也是这么算计的。可惜最终的结果，却是竹篮打水一场空。

经历了美元的10年下行周期之后，东南亚这些国家都养肥了，也积累了庞大的实物财富。从1995年开始，美元指数开始逆转。因为美元进入加息周期，准备开始收割了。不过在准备收割前，还需要完成最关键的一步，就是说服泰国人允许资本自由流动。

我们知道国际金融理论里面，有个蒙代尔不可能三角。这个理论对美元这种全球货币以外的任何区域货币都非常有效。蒙代尔不可能三角说的是：一个国家或者地区只能在资本自由流动、固定汇率和货币政策独立这个三角中选择两个。

保持资本自由流动和货币政策独立性，必须牺牲汇率稳定，实行浮动汇率制。保持汇率稳定和货币政策独立性，必须限制资本的自由流动，实行资本管制。保持资本自由流动和汇率稳定，必须放弃货币政策独立性，实行和美元的联系汇率，跟着美联储政策走。

当时的泰国引进外资的同时，开放了资本项目。这意味着泰国资本项目可以自由流动。由于当时泰国采取的是固定汇率制度，在开放资本自由流动的前提下，如果要维持和美元的固定利率，这时候泰国应该放弃货币政策独立性，和香港一样搞联系汇率。既要采用盯住美元的固定汇率，又要允许资本自由流动，同时还要拥有货币政策独立性，完全违背了蒙代尔不可能三角。

正常情况下，一个地方资产泡沫太大，资本还能自由流动。外资的选择必然是卖掉炒高的资产锁定利润，然后把利润换成美元，换汇出逃。因为外资知道，泡沫最终一定会破的。泡沫破了不但没有利润，还可能血本无归。

假如你是国际炒家，拿着100万美元到了泰国，按照上面1∶20的汇率换成2000万泰铢，在泰国炒房、炒地、炒股票。如果这笔钱变成了4000万泰铢，这时候你觉得泡沫大了，自然就会想着按照1∶20的汇率，换成200万美元撤离。在这个过程中，国际炒家要先把手里的资产高位卖给泰国百姓，才能把自己的利润兑现变成泰铢。这些兑现成泰铢的利润还要在泰国央行按照1∶20的固定汇率换成美元，才能流出。这中间，泰国百姓用自己辛苦赚的钱高位买入了泡沫资产，泰国央行又流失了200万美元的外汇储备。泰国人辛苦积累的财富，最终就这么被国际机构套走了。

理解了这个过程，就可以理解泰国央行的外汇储备，遇到危机和恐慌是怎么消耗殆尽的。因为是固定汇率，所以遇到外资大额兑换，泰国央行的日常操作就是用手里的美元买入外资卖出的这部分泰铢，通过这个操作，来维持泰国的国际信用，保持泰铢日常的充足兑换。不过这么一搞，泰国大量的美元外汇储备随着国际机构出逃，很快就被消耗掉了。美元外汇储备没有了，自然就不能维持之前的固定汇率，汇率也就随之崩盘了。手里的外汇储备没了，之前借的那么一大堆美元债务，自然也就还不上了。因为你当初借的就是美元债，现在你还钱，也是必须要还美元的。

还不上债的情况下，债主可就要开条件了。这时候通常会要求你门户大开，转让优质资产。这个阶段因为美元外汇储备消耗殆尽，导致汇率崩盘。之前美元兑泰铢1∶20的汇率可能已经变成1∶2000。

可以说如果用美元计价，泰国的所有资产价值都贬值了100倍。这时候用美元计价，泰国所有的资产价格都会变得极其低廉。比如原来美元兑泰铢是1∶20的时候，一栋100万泰铢的房子价值是5万美元。如果汇率贬值到1∶2000的时候，同样一栋100万泰铢的房子，用美元计价就变成了500美元。这等于是由于泰铢兑美元汇率暴跌，导致泰国资产用美元计价暴跌。

要知道危机发生的时候除了避险资产，其他所有资产都是不值钱的，没有一个不大幅偏离实际价值，这时候国际资本会回来抄底。这时候危机国低价优质股票会被外资横扫，银行会被外资廉价买走，大量核心资产和优质企业会被外资廉价收购。

资产收割的本质道理和底层逻辑都是一样的，都是我们上面讲的这个过程和轮回。这就是我们资本项目没法轻易开放的原因。

区域货币的困扰

看完上面东南亚的故事，大家应该明白当初东南亚之所以被收割，最重要的原因就是美元外汇储备被消耗光了。东南亚国家借的债都是美元债，没有了美元外汇储备，也就没办法还上美元外债。因为美国人不可能允许别的国家用自己国家发行的区域货币来偿还之前借的美元债务。

从某种意义上说，金本位结束以后，除了美元这种全球货币，全球各国自己发行的货币实际上都是区域货币。

这里顺带说一下全球货币和区域货币的概念，以便大家更好地理解。所谓全球货币，就是全世界任何国家都认可其购买力。只要拿着这种货币，在哪儿都能买到东西。所谓区域货币，就是只能在自己国家范围内买东西，离开自己的国家，别人是不认可的。

为什么东南亚、拉美国家的这些问题，就不会发生在美国身上呢？因为美元是全球货币。成为全球货币最大的好处就是，打开了货币发行总量的限制。只要通过发行货币，就能向全球所有国家收铸币税。

每个国家的货币发行总量，是受到实物商品产能隐性约束的。印钞速度如果太快，国内的实物商品产能跟不上，就会带来恶性通货膨胀。一般而言，每个国家的货币因为是区域货币，所以是和本国实物财富总量相关的。

但美元由于是国际货币，衡量的不只是美国本国的财富，而是全球的实物财富。所以我们会看到，2008年以后即使美联储不停量化宽松印钞，不断超发货币，可是美国大规模印钞以后，国内并没有带来大规模的通货膨胀。美元印出来以后，在世界任何地方都能买到东西，等于对应的是全球实物商品产能。只要全球的实物商品产能，也就是全球GDP不断增长，就能支持美国印制更多的钞票，却不发生大规模通货膨胀。

而且按照目前的全球经济总量和货币流通速度看，支持美国超发这么多货币问题不是太大。为什么当年津巴布韦想东施效颦，学美国做同样的操作，后面津巴布韦的通货膨胀就飞天了，原因就是津巴布韦这种国家的货币是区域货币，只能在自己国家范围内买东西。本国实物商品生产能力本来就不行，再来个大规模印钞，物价可不就飞天了。

这里可能很多人的第一反应是：不创造任何产品，只是不断印钞？那货币的购买力不是在不断贬值吗？这个说法是没错的，任何货币只要是不断超量发行，其内在价值和购买力确实是在不断降低的。

从1913年美联储创立，到2013年过去的100年里，95％的美元的实际购买力已经去掉了。这也是为什么美国GDP在不断增长，美国中产阶级的实际购买力却在不断缩水。资本家薅羊毛不分国界，华尔街全力薅世界各国羊毛的同时，也在慢慢抽本国国民的血。我们之前一直在说，中产阶级不掌握生产资料，是没办法一劳永逸的。因为只要央行不停地印制纸币，你的存款的实际购买力就在不停地贬值，你也在变得越来越穷。单单央行印钞导致的实际购买力贬值，就能让你好不容易存的那点儿钱在两代之内逐渐消失殆尽。

美债不用还

美联储前主席格林斯潘在退休前，曾经去国会做证。有国会议员问过他一个问题：美国现在欠某些国家那么多债，这个债务以后还不上怎么办？

格林斯潘解释了半天，这些国会议员还是没完全听懂。最后格林斯潘索性告诉他们说，美债是不用还的，因为美国债务的定价货币是美元。

我们知道用本币计价的债务都是内债。如果我们把地球看成一个村，那么这些美国人欠下的美债就相当于地球村的内债，内债是不用还的。从格林斯潘的答案我们也可以看出：债务有没有风险，要看是内债还是外债，内债本身是没有任何风险的。因为内债只要通过印钞就能还得上，所以也就不存在什么债务危机的风险。这道理就像我欠你1万元钱，我又掌握货币印制权，这个货币大家也都认，那我还债就很简单了，直接印1万元钞票给你就行。我的所有成本，就是钞票的印刷费用。这里面最终决定债务是内债还是外债的，是债务的定价货币。

美元变成全球货币带来的结果就是，美元债从全球角度看是一种内债，因为美债是用美元计价的。内债理论上是不用还的，这时候的债务更像是一种税。这也是为什么之前有个说法叫"内债不算债"。当一个国家的债务是本币债的时候，只需要通过印制货币就可以继续稀释债务和还债。外币债是一种确定的风险，原因在于要偿还外币债，就需要持有外币。

换句话说，任何一个国家需要通过贸易获得该种外币的外汇储备，这些外汇储备是这个国家用实实在在的物资换来的。只有持有该种外汇储备，才能用来偿还该种外币计价的债务。如果没有足够的外汇储备，就还不上这个债，自然就会产生债务危机。

美国国债虽然名义上是美国背负的债务，实际上是美国通过美元的国际地位，从全球攫取实物财富以后给其他国家打的白条。美国付出的是白纸印刷成的美元，获得的是实实在在的实物商品。然后又通过美债给欠条，回收了美元。因为美元拥有的全球货币地位，又把美国国债变成了整个地球村的内债。只要美国还是全球实质意义上的霸主，就能透支美元信用，美债也就根本不担心还。

以前美国总统尼克松时期的财政部长，曾经很坦率地告诉大家，这是我们的货币，但也是你们的问题，说的就是这个原理。这里有人要问了，要是美国霸主地位不再，还能这么操作吗？如果美国真的倒下，美元体系崩塌，霸主地位不再，那就更赔得起了。因为本来已经透支了，到时候直接崩盘就行。这时候大家持有的几万亿或者十几万亿美债会直接变成废纸，可能只能买现在几十亿的商品。

历史也不是没有类似的例子。当初印度借了苏联很多卢布，等于欠了大量卢布外债。后面苏联解体了，卢布兑美元变得完全不值钱了，于是印度用美元偿还苏联债务。印度只用了非常少的美元就把之前欠苏联的大笔卢布债务还清了，占了个大便宜。

美国和苏联最大的不同可能是：苏联是借给别人钱，家里还有一大堆优质资产。美国是欠别人钱，还没什么能还债的东西。所以当年苏联解体的时候，家里还有好多优质资产可以抵债。现在美国因为产业转移，就算抄他家都没东西分。

最终的结果就是：只要美国霸权犹在，全球就会继续用美元，一起给美元增信。要是真的美国经济彻底崩溃，那么大家手里的美债和美元都会变成废纸。搞笑的是，每次提到美国国债，总会有人跳出来说有些国家是冤大头，因为持有美国国债。这是非常可笑的说法。一个国家的国债在通常情况下，持有量最大的是本国公民，美国也不例外。虽然其他国家持有美国国债，但是和美国公民持有的相比，是小巫见大巫。美国本国公民持有60%以上的美国国债，还有大量的养老金也买了美国的国债。

债务的约束是利息

这里肯定有人要问了,美国一直通过印钞还债,薅全世界羊毛,怎么就没人挑战美元霸权呢?历史上当然有过了,而且还不止一次。以前大家不想要美元、想要黄金的时候,美国宣布美元和黄金脱钩了。这就是历史上著名的布雷顿森林体系①解体。这相当于实质意义上的违约和赖账。然后大家更不想要美元了。这时候美国依托自己的军事霸权,绑定了石油生产国,规定想买石油就必须用美元。

很多人不明白,美元之所以能维持货币霸权,是因为"二战"以后美国一直掌握着军事霸权,遍布全球的美军基地就是货币霸权的保证,这种优势到目前为止也很难撼动。那这里肯定有人还要问,既然这样,那美债是不是能无限制地借下去呢?当然也是不行的,因为美债能借多少,在某一时间段,也是受到隐性条件约束的。

就像印钞的隐性约束是实际的商品产能一样,美债的隐性约束是债务的利息水平。自打布雷顿森林体系1971年解体以后,不光是美国,根本没有哪个国家的国债是打算还的,都是只还利息而已。本金到期,继续发行新债往前滚就好了,只要政府信用和财政收入预期还在,能还上利息就行。这也导致了各国只要能还得上利息,就会不断借更多的债务,带来的结果是国债利息支出不断增加。

---

① 布雷顿森林体系是指"二战"后以美元为中心的国际货币体系。

美国到目前为止，欠了接近30万亿美元的债务，还掉本金是没可能了，那么每年要支付多少利息呢？大致估算一下过去10年美债的平均利率水平就知道了。

美债目前发行期限主要有1个月、3个月、6个月、1年、2年、3年、5年、7年、10年、20年，以及30年11个期限。不同的期限利率水平不一样，各个期限的利率算个平均值，过去10年大概在3%左右。按照这个利率水平估算，目前30万亿美元的国债总额，每年美国需要为此支付的利息成本大概是9000亿美元。理论上说，只要美国的财政收入能还得上美债利息，美债就不会出问题。不过财政收入并不可能全部拿来还债，维持整个国家体系的运转也是需要钱的。这就导致了财政支出里面，很多东西是刚性的，如军费、医疗、养老、教育等。所以财政收入里面，能拿出来做美债利息支出的部分也是有天花板的。

假设3%的利率水平不变，美债按照现在的速度持续快速增长。等美国国债突破40万亿美元、利息达到1.5万亿美元时，美国政府就会无力承担这个利息。虽然美国政府的债务本金确实不用还，但是美国政府没办法承担利息的时候，也就是美国政府债务危机爆发的时候。

美债离天花板还很远

这里可能有人要问了，现在距离美国人还不上利息不是已经很近了吗？可是全世界的研究机构对美国国债利息支出这个问题的担忧度极低。它们认为未来很长时间，美国的国债利息支出都不会是大问题，这又是怎么回事呢？

原因在于随着美国国债利率水平不断下行，虽然债务不断增长，但债务利息负担反而更小了。所以在目前的利率水平之下，美国国债的利息负担离天花板还远得很。看个例子大家就明白了。奥巴马就任时，美国国债规模为10万亿美元，每年要支付4500亿美元的利息。奥巴马卸任时，美国的国债规模大概是19万亿美元，已经接近翻倍，不过要支付的国债利息只有5000亿美元。原因是美国国债的利率，从奥巴马上任时的4.5%左右下跌到卸任时的2.5%了。特朗普上任以后发行的十年期国债就更夸张了，利率最低的时候已经达到0.625%。按照现在美国30万亿美元的债务计算，美国政府需要支付的债务利息仅有1875亿美元。

你看，因为国债利率降低，导致美国借了这么多债，压力不仅没有增大，反而减轻了。要是未来美国像日本一样，把国债利率定到0.1%，那就更没什么压力了。30万亿美元的债务，每年需要付出的利息才300亿美元，利息压力低到近乎没有。按照这个利息支出水平，再多借30万亿美元也不是什么问题，反正都能还得上。日本的债务已经是GDP的224%，不过他们从不担心。

因为日本国债已经零利率甚至负利率很多年，压根不担心还不上债务利息。不过债务压力日益庞大，坏处也不是没有。债务越来越大，也压缩了美联储的加息能力。如果没有加息降息的美元支持，美国剪其他国家羊毛就变得越来越难。

美国每隔一段时间，就会大规模降低美元利率，迫使美元流入全球那些高资产收益率的后发国家。这些美元在后发国家，通过10年左右的时间吹大资产泡沫。这时候美国又会大规模升高美元利率，吸引美元回流美国。这个降息和加息带来美元的流动规律，很像是潮汐，而且是人为制造的潮汐。利用美元潮汐，美国可以轻易收割这些后发国家的财富。因为美元是世界货币，全世界所有国家发行本国货币的信用锚定物就是美元外汇储备。央行有多少外汇储备，你才能发行多少本国基础货币，超发的话就会大规模通货膨胀。要是央行的美元外汇储备没有了，经济和汇率很快崩盘，之后被美元资本廉价收割。从1974年开始，美国在全球连续收割了三次，先是拉美国家，之后是日本，最后是东南亚。

收割靠的是美元潮汐，美元潮汐的起伏靠的是降息和加息的整个过程。可以说没有加息，就没办法降息，也就没办法制造美元潮汐。庞大的国债制约了美国加息空间以后，降息的空间也变得越来越小。美国通过美元潮汐剪羊毛也变得越来越难。

回顾历史，可以说几乎每一次全球金融危机，背后都有美联储加息的影子。20世纪70年代布雷顿森林体系解体，美元和黄金脱钩，成为真正意义上的世界货币，后面的几次金融危机，很大程度上都是美国政府为了保证金融证券市场和实体经济不脱钩，主动或者被动采取的一系列操作导致的。加息主动刺破泡沫，保证了美国金融证券市场和实体经济的关联性，还可以收割国外优质实物资产，填补亏空。从特朗普政府执政开始，美国的实体经济，几乎已经完全和金融证券市场脱钩了。不但美元加息收缩没割到韭菜，在GDP没什么增长的情况下，股票市场还屡创新高。实体经济和金融市场脱钩太多，会导致二者不能再像以前一样绑定，后面只能靠不断超发货币维持现状。这一步一旦迈出去，想退回来就很难了。

在这种背景下，未来每次遇到危机，只要美元霸权稳固，可以预见的循环如下：美国大量印钱救市→资产价格上涨→通货膨胀→美元贬值→各国持有的外汇储备跟着贬值→各国跟着印钞保证自己的外储不变废纸→全世界买单。

可以说现在的美国国债接近30万亿美元只是一个开始，接下来它还会继续增加，增加到一个让大家瞠目结舌的数字。只不过由于债务利息存在天花板，到时候美联储的基准利率很可能会不断降低，甚至变成负数。这也是为什么外国投资者持有的美债数量在不断下滑，因为该阶段持有美债不但要被印钞稀释，未来还可能被负利率收割。

美联储这个世界央行不断印钞带来的结果就是，在未来很长一段时间里，资产价格大概率还会继续上涨，劳动所得依然无法和资产所得相匹敌。没来得及上车的人，依然会被甩出很远的距离。看看欧洲核心国家德国的房价和欧洲央行的印钞曲线拟合，可能大家就能明白，为什么资产价格上涨是个货币现象。

美国也没什么更好的手段，只能靠一次次的印钞，尝试把钱送到穷人手里。最终的结果是钱越印越多，资产价格越来越贵，社会整体的贫富分化越来越大。等到社会贫富分化和穷人数量大到一定程度，就会在政治上产生强大的破坏力。挺不住的国家这个时候会走向民粹化，或者转向法西斯化来转移国内矛盾。

如果后面像我猜测的一样，美元真的因为债务规模过大，最终走向负利率，也许这个阶段，黄金会变成最耀眼的资产，会被无数资金追捧，炒到天上去。因为黄金是天然的货币，但是它又没有利息。

是什么刺破了全球资产价格泡沫

加息以后,全球资产价格的泡沫才会被刺破,同时引发全球性金融危机。原因很简单,因为通货膨胀引发的利率上升,才是后面刺破美股泡沫最重要的因素。

利率与经济

这里先要了解什么是利率,利率和经济本身又有什么关系。利率简单来说就是钱的价格。在某一段时间里,利率水平代表的就是资金的使用成本。那么利率这个资金使用成本,是由什么决定的呢?是由市场上资金的供需情况决定的。

在经济增长快、投资容易赚钱的时候,需要用钱的人自然就多。这时候大家都需要用钱或者贷款投资赚钱,借钱的需求自然就比较旺盛。如果你去贷款,就会发现资金供给少、需求大,那么你从别人手里贷款的使用成本自然就高。在20世纪90年代的时候,银行给储户的存款利息都有10%左右,贷款利率更不用说了。这很大程度上是因为那时候市场上供应少、需求多,赚钱相对容易，人们才会用这么高的利率借钱投资。而在经济增长放缓的时候，投资赚钱比较难，外面需要用钱的人会比较少。在各行业投资都很难赚钱的情况下，愿意投资的人自然就会减少。

如果大家都不需要贷款，则意味着资金供给多、需求少，从别人那里贷款使用的成本自然就会变低。最典型的就是欧洲和日本这种发达社会。银行想用很低的利率把钱借给大家去投资或者做生意，然而即使利率很低，多数人依然不会去贷款。因为债务是刚性的，你借来钱如果没法投资赚钱，那就没有借钱的必要了。

目前中国的利率比欧美高很多，也是因为在现阶段从整体看，我们的行业利润率比欧美要高。这意味着在同等情况下，在中国开企业投资，是要比在国外赚钱的。这也是为什么我们会看到，每年都有大量的国外资金涌入中国，投资开办企业。

除了开办企业，还有很多大机构会从美国、日本这种利率很低的地方借钱。在汇率稳定的情况下，只要中美或者中日之间的利差足够大，他们就能把借来的钱存在银行里拿无风险利息。要是赶上人民币升值，通过购买人民币抛出美元，不但能赚到利差，还能赚到升值收益。

利率与GDP

前面大家应该看明白了，利率水平本质上就是某一时间段市场上贷款的价格。这个市面上贷款的价格，本质上是由当时市面上资金供需情况决定的。那么决定市场上资金供需情况的又是什么呢？其实是GDP的实际增长速度。

GDP增速，代表的是整个社会的实际财富积累速率，也左右了市场上资金的供需情况。道理很简单，市面上财富积累快、赚钱机会多的时候，才有更多人去贷款赚钱，资金需求才越旺盛。要是经济速度放缓，市面上赚钱很难，谁还会去借钱赚钱呢，资金需求自然就下来了。

既然GDP增速代表了整个社会在某一阶段财富积累的快慢程度，那也就意味着GDP增速决定了这个时间段整个社会创造的财富能支付起的利率水平。20世纪90年代的时候，大家从银行贷款，利息动不动就是两位数。那为什么这种情况下还有人贷款呢？因为当时GDP增速快，整个社会的财富积累速度，远比市场上的利率水平要高。大家虽然贷款要付10%的利息，可是一年可能赚到本金的20%的利润，所以这种情况下也就敢贷了。这两年为什么从银行贷款利率变得越来越低了？其实也是因为GDP增速慢下来了。资金回报率受限于整个社会的财富增长率，也就给不了那么高的利息了。

这里可能会有疑问，经济增速快的时候，如果资金价格高了，那我们多印点儿钱，利率不就便宜了吗？为什么当时不这么做？因为钱并不是能随便乱印的，货币本身只是一般等价物，是商品交换媒介。货币本身也不是真正的财富，实物商品才是真正的财富，货币发行总量其实是受制于实物商品产能的。

我们平时花的钱，央行从发行的角度是有总量限制的，限制总量是基于市面上的实物商品产能而定。也就是说,央行在某一段时间的货币发行总量,必须要和市面上的实物商品相对应。原因也很简单,货币发行量太大,实物商品产能跟不上,会造成物价飞涨和通货膨胀,会威胁国家的稳定。

讲到这里,可能很多人还是不明白。我们再用大家熟悉的费雪公式举个例子。费雪公式的组成是MV=PT,在经济稳定的状态下,通常货币流通速度V是一定的,当货币供应量加大的时候,公式左边的MV乘积就会变大。商品总量T,在短时间没办法快速增加。为维持公式两边平衡,短期内能变大的只有商品价格P。这意味着央行印钞以后,在商品总量没办法在短期内快速增加的前提下,物价就出现了飞涨。之前如果市面上的商品总量是100件,在印100元钱的情况下,每件商品价格是1元钱。如果市面上实物商品总量维持在100件不变,货币印制数量变成了10 000元,那么每件商品的价格就会上涨到100元。也就是我们辛辛苦苦赚来的钱,因为货币的海量印制,购买力贬值到原来的1%。所以货币发行量的多少,说到底是根据市场供需关系决定的,同时受到实物商品总量的制约。市面上实物商品和投资资金需求这些因素综合起来,最终决定了货币供应的多少,以及利率水平的高低。

明白了这个,就应该明白实物商品总量和价值才是真正的财富,也是最基准的东西。

利率走低是大趋势

利率本身代表的是钱的价格，是某一阶段使用这笔钱的资金成本。为什么要加某一阶段这个定语呢？因为拉长时间看，随着时间的推移和社会的不断发展，这个资金成本是在不断下降的。

哈佛大学研究员保罗·施梅林（Paul Schmelzing）翻阅了无数资料，对美、英、德、法、荷、西、意、日八个国家及过去700年的数据进行了统计。选择美、英、德、法、荷、西、意、日这八个国家作为基准，是因为在过去700年这些国家的GDP总量，占据了全世界GDP总量的80%。从1317—2018年这700年时间里，真实利率平均每年下降了0.0175%。

为什么会出现真实利率不断走低这个现象呢？因为和长期利率直接相关的是整个国家和企业的财富积累速率和利润平均值。这个财富积累速率和利润平均值随着社会的发展和时间的推移，处于一种不断下降的趋势里。

如果现在开饭馆很赚钱，平均利润为15%，银行贷款的利率是5%，那么最终的结果，一定是很多人跑去找银行贷款，涌入开饭馆这个行业。因为这时候开一家饭馆，自己赚进15%的利润，拿其中的5%还掉银行贷款，自己还能剩10%的利润。

拉长时间看，因为这个10%的利差存在，开饭馆的人会越来越多。最终会让这个行业的竞争越发激烈，利润也不断拉低，直到餐饮业平均利润降到5%。这样就不会有更多的新人来开饭馆，因为这时候只有头部的饭馆才能盈利。如果降到5%的平均利润以后，还有人继续杀价竞争，整个行业的利润被杀到1%。按照这个利润率算，则意味着辛苦干了一年不但没赚钱，还要倒贴银行4%的资金成本。在这种情况下，多数餐饮从业者理智的选择就是关店另谋出路。整个餐饮行业因为竞争对手减少，利润率也会从1%逐渐回升。回升到一定阶段，只要超过银行贷款利率5%，就又会有人开始涌入这个行业，重复之前的循环。

这里我们举的例子虽然是餐馆，但是换成任何市场化竞争的非垄断行业，最终得到的结论其实都一样。因为从底层逻辑看，本质上，市场化竞争的行业，并没有什么大的区别——只要不存在垄断，大家都是市场化的直接竞争。随着竞争者的不断加入，最终的行业利润率一定是不断走低的。

大部分行业在开始的时候，利润都比较高，发展到后期，都会逐步降低，遵循行业的平均利润。这个行业的平均利润率从理论上说，会无限趋近于当时市面上的银行利率，或者以银行利率为中轴上下波动。这也就是我前面说的，整个社会的平均财富积累速率大概等于国家的GDP增速。在某一时段利率的定价标准本身，其实就是那个时间段这个国家的GDP增速。

明白了这一点，大家就应该明白，在某一时段国家可以通过调整利率水平，也就是资金的价格水平，来调节投资和经济发展的热度。

利率怎么调节经济

如果国家觉得经济过热开始加息，把现在的利率从5%提高到8%，那就是告诉你，新开企业没有8%的利润就别干了。这相当于用提高资金成本的方式来限制低利润行业的过度投资。如果国家觉得现在经济衰退需要刺激经济，把利率降低到2%，那就是告诉你，新开企业利润低一点儿不要紧。现在是经济衰退期，我们更看重的是就业，只要能解决就业，2%的利润也可以做。这相当于用降低资金成本的方式来降低行业准入，以维持经济衰退期的就业。通过在经济的衰退过热期调节利率，也就是资金的价格，国家就可以调节投资和经济发展的速度。

疫情发生以后，为了刺激经济，西方央行推行了非常激进的货币政策。除了货币大幅度放水，还进行了大幅的降息。很多国家把基准利率降到了0.25%、0，甚至是-0.25%，根本原因是疫情导致经济停滞，央行通过降低资金成本的方式降低行业准入，注入热钱维持就业。后面随着经济复苏，央行渐进式加息几乎是必然的，因为通货膨胀会来。

加息会刺破经济泡沫，那首先要有经济泡沫。未来的经济泡沫已经是肉眼可见。目前不管从哪个指标看，美股都已经处在经济泡沫期了，而且经济泡沫还挺大。比如就拿巴菲特最喜欢的股市估值指标看，泡沫已经非常明显。

这里我们强调一下巴菲特指标代表的意义，以及为什么巴菲特最喜欢用这个指标作为泡沫的衡量标准。巴菲特指标本身，是用GNP这个实物财富作为基准，来计算实体经济的证券化率程度和资本市场泡沫化程度的。这个指标的计算方法也很简单，用美国股市的总市值除以美国用美元计算的GNP总值。

GNP本身代表的是一个国家创造的实际财富。股票市场的总价值代表的是一个国家创造的实际财富证券化以后，对应的货币价值。在一个已经完成实物财富证券化的成熟国家里，用股票市场的总市值除以GNP的比值，衡量的其实是一个国家实物财富的泡沫化程度。

如果你做过相关统计就会发现，现在的美股估值已经远高于当年互联网泡沫时期的峰值水平。不管是用市盈率、市销率、市净率[1]，还是用GNP作为基准计算出的证券化率衡量，都是这样。

美国股市现在被严重高估，大大偏离了其创造实物财富的能力。所以后面美股泡沫破裂是必然的，破裂以后带领全球步入金融危机也是必然的。

史无前例的泡沫

为什么这次经济泡沫，无论从哪个角度或者指标看，都比过往看起来要大得多呢？这是因为史无前例的低利率及发生疫情之后的货币大放水。大家应该都学过一个价值规律。这个规律讲的是，市场价格围绕价值上下波动。通常大家用市场价格脱离资

---

[1] 市净率指的是每股股价与每股净资产的比率。

产基本价值以后的膨胀程度来衡量资产价格泡沫的大小，简单来说，就是资产价格脱离其基本价值以后的膨胀程度。当市场价格偏离价值太多，就会形成所谓的价格泡沫。

我们经常听到的泡沫，通常说的是资产价格泡沫。那么这次的资产价格泡沫，又是怎么产生的呢？在过去很长时间里，全球主要国家为刺激经济，不断降低实际利率，导致贷款的成本持续降低。市场上的参与者在低利率的背景下，会加大投资和资产购买力度，增加对投资和资产的需求。原因也很简单，如果贷款利率是6％，那么产生5％利润的资产或者投资就是亏本买卖。如果把贷款利率降低到3％，那么这些能产生5％利润的资产或者投资瞬间变成香饽饽。

2020年伊始，全球主要央行在维持利率低位的基础上，为了拯救疫情之中的经济，又开始印钞放水。由此带来的后果就是，全球以美国为首的主要资本市场估值，都比正常利率环境下高出不少，被动地产生了泡沫。原因也很简单，不管是利率持续低位还是货币大放水，都会带来更加旺盛的投资需求和更低的投资回报率要求。

在低利率甚至是负利率环境下，整个股票市场的估值大概率都会比正常利率环境下的估值高出不少。同理，在低利率水平的市场环境下，一旦央行开始逐步加息恢复到正常利率，资产价格就会出现下跌。市场会根据利率水平和投资回报，把资产的估值自发调节到合理的位置上去。

比如央行从4％加息到5％，覆盖资金成本需要的投资回报率就会从4%提升至5%。我们换算一下就知道，相应的市场合理估值也会从25倍市盈率下降到20倍。这也是为什么像美联储这样的全球央行，在提高基准利率前，需要和市场充分沟通，避免广大投资者反应过激。

泡沫是怎么破的

为什么说美国10年期国债收益率上升超过2%以后，就有可能会带来美股崩盘呢？这是因为10年期国债代表的，是市场上的无风险收益率，是一切资产的定价基准。

可能有人会疑惑，为什么10年期国债的收益率会在经济复苏期不断提升呢？原因是经济复苏阶段，大量的资金会抛售避险的国债，投入风险资产里面去。我们知道所有商品的价格都是由供需情况决定的，不管是房子、股票还是国债。买的人多、卖的人少，价格自然会上涨。买的人少、卖的人多，价格自然会下跌。经济复苏期人们最常见的操作就是抛掉避险的国债，拿这些钱去追逐收益更高的商品和股票资产。

熟悉美林时钟的人应该对这个转换过程了解得非常清楚。当这个数值上升到2%，意味着经济已经从之前的复苏进入过热阶段。经济步入过热阶段以后，通货膨胀会愈演愈烈。这时候美国那边的利率水平也要通过加息开始提升了。加息带来的资金成本提高，一方面会降低市场的估值水平，另一方面会使得现在市场上的买家购买乏力。

加息会降低市场的整体估值水平。那么为什么加息会导致美股买家购买乏力？想知道加减息对现在美股买家的影响，我们就要明白是谁在购买美股。

从数据上看，现在美股最大的买家是非金融企业。是哪些非金融企业呢？说白了就是上市公司自己。这些企业总共买了3.4万亿美元，专门做投资的ETF①和共同基金也不过买了1.6万亿美元。为什么要买自家股票呢？当然是为了推高股价。那么钱从哪儿来呢？答案是公司债。

在美联储不断量化宽松和低利率的背景下，企业通过大量发债获取资金，很多公司甚至不惜背负巨额债务购买自家股票拉高股价。这很大程度上是因为公司高管们的KPI之一，就是公司的市值考核。而且出于避税考虑，高管们领到的报酬大多都是股票，股价高了可以获得更大的利益。

但是量化宽松和低利率总有结束的一天，一旦通货膨胀起来，美联储就不得不加息提高利率水平。一旦美联储停止量化宽松开始加息，这些公司就没有更多的资金来推高股价。不光是借不来低成本的钱，就连之前贷款的利息都会上升一大截，甚至会还不上。

失去资金购买推动的股票，不可能价格还悬在空中，结果必然是掉头向下。而且美联储的加息不仅会导致企业借债成本提

---

① ETF：全称为交易所交易基金（Exchange Traded Fund），是一种在交易所上市交易的、基金份额可变的开放式基金。

高，后续股价下跌还会导致企业偿债能力降低和抵押物不足。

在这种情况下，企业根本不可能获取新的资金来维持股价。在没法自救的情况下，就更还不上之前借的债。

企业还不上债务的结果就是银行的钱没了，形成大量坏账，全球金融危机也就随之而来了。上次雷曼兄弟破产以后，金融海啸步入高潮。美联储出手搞量化宽松，拯救经济。未来虽然不知道标志性事件会是什么，但可以确定的是，标志性事件一旦出现，后面就是金融海啸的高潮。

我对未来最乐观的预计，是2008年级别的金融危机。最悲观的预计，是1929年级别的大萧条。因为不管是从全球的贫富分化程度，还是经济状况来看，都非常接近1929年。事实上美国的精英阶层很清楚后面会发生什么，但谁也不愿意危机在己任上爆发。所以我们才会看到，不管是谁上台做美国总统和美联储主席，大家无一例外地都在降低利率搞量化宽松。这也是为什么我一直告诉大家：通货膨胀不起，周期不止。

与泡沫共舞

那么面对全球央行放水和降低利率产生泡沫，正确的应对措施是什么呢？多数人的第一选择是躲避，因为泡沫会破灭。但这样想是存在误区的。生活越来越好、越来越富裕的秘诀，本质上是怎么从资产价格上受益。简单讲就是，在泡沫时期我们要加入其中，在泡沫破灭之前要及时抽身出来。

大多数人完成原始积累,靠的是工资收入。工资收入本质上是靠劳动时间换钱,天花板极低。靠工资收入完成原始积累以后,想要让这个原始积累膨胀,就需要靠一轮又一轮的资产价格泡沫。

　　每次牛市资本市场泡沫估值膨胀,全市场市净率都会从2变成6。短时间内公司经营状况不可能比平时好三倍,本质上是因为大家对未来经济的美好预期,以及资产价格泡沫膨胀推上去的。所以泡沫膨胀以后,就是漫长的估值回归。在这个过程中,你要把自己手里的本金变大,本质上就是要抓住一轮又一轮的膨胀,每隔几年重复一次。发生疫情之后,美联储出台无限放水政策,这意味着美股要产生泡沫了。这时候你应该做的,不是在旁边高喊"警惕泡沫破灭",而是拿着手中闲置的资金参与其中。

　　美国2021年年初的利率处在历史低位,美联储资产负债表由于过去一年的超级大放水而翻倍。这些钱不会从人间蒸发,最终都会参与到消费和投资中,资产价格自然水涨船高。当然这里我不是鼓励大家一定来参与泡沫,毕竟每个人的选择不一样,但道理就是这样。看到这里,相信大家已经明白为什么通货膨胀和加息会刺破美股泡沫。

　　在泡沫刺破之前,通货膨胀会愈演愈烈,大宗商品价格会屡创新高,全球物价也会随之出现飞涨。经济过热带来的物价飞涨,尤其是食品价格上涨,会让底层百姓难以承受,之后美联储开始加息。这个量变到质变的渐进式加息过程,会刺破全球资产价格的泡沫。在未来某个时间点,我们会看到垃圾债或者泡沫股引发的美股大跌。这次会像2008年一样，一跌不复返。

　　这次全球资产价格泡沫破裂以后，接下来就是和1929年类似的剧情。这时候全球范围会出现大规模失业，世界某个地方很可能会爆发局部战争。在这次经济危机中，日本和欧洲一些国家由于老龄化严重，会成为重灾区，资产价格跌幅居前。全球央行会被迫再次大放水救市，市场短期反弹以后继续下跌，负利率开始在全球主要国家出现。而中国将表现出良好的危机管控能力，强势崛起。

看准

数字货币带来的突破

未来数字货币的全面推行,会带来社会治理结构的重大变革和进步,原因是所有数字货币相关交易在央行那里都是透明可追踪的。未来困扰全世界很久的两个千古难题——贪腐和税务问题,大概率都会被解决。在这篇文章里,主要讲述下数字货币全面推行以后,到底会带来哪些改变。

一

世界上所有的大国崩溃,大多都是因为财政崩溃,财政才是一个国家出现各种问题的总根源。财政水平健康与否,是一个国家能不能健康发展的最重要因素。国家的兴衰和发展也都是围绕这条财政主线来运转的。

如果把国家看成一个公司,那这家公司发工资、员工福利,还有建设企业文化,都需要手里有钱。公司没钱什么也干不成,留不住能干的销售和研发人员,员工的认同感也差。大家上班都是骑驴找马,一说就是凑合着干吧,找到更好的赶紧跳槽。

外企过去10年在中国的发展兴衰史，完美地反映了这一点。很多人可能不知道，十多年前最聪明的人从学校毕业，基本都会优先选择外企。大家都觉得在外企上班很风光，因为工资高、福利好。大家对公司文化认同感也强，员工出差出入五星级酒店，公司氛围也轻松。当时在大型外企上班本身就意味着事业上的成功，基本上没人把到本土公司就业作为首选，更没人选择现在风光无限的互联网公司。

这两年因为外企在国内整体市场和利润的萎缩，导致福利和收入都大不如前，大家找工作也没人把外企当作第一选择了。现在的所谓好工作，基本集中在本土金融和互联网业巨头。为什么这两年外企不行了呢？因为过去能赚取高额利润的领域，本土企业都崛起了。没利润自然也就没钱给员工发高工资、高福利，自然也就没办法建立企业文化和认同感了。就是因为没钱了，工资福利没以前好了，外企也就退出了国内就业市场的第一梯队。

二

都说巧妇难为无米之炊，这话放到国家身上也一样，因为国家没钱一样什么也干不成。每个国家的发展史基本上就是一部财政史。一个国家运转哪里都需要花钱。民生这些领域都需要庞大的资金投入，而且这种投入短期回报并不好，都是短期看不到回报和经济利益的。资本投资是为了赚快钱的，根本没兴趣干这种长期低收益的活儿，只有国家才有动力去做。

国家本身不产生价值，也就是说，国家自己是没办法产生收益的，国家能做的是在获得收入以后做转移支付。国家想要发展、获得收入，这部分钱主要从哪里来呢？从税收来。适度的税收是国家强盛的保证，只是把握这个度确实有点难。税征太多，大家创造财富没有积极性，辛苦赚的钱都被收去了，谁还肯好好干活创造财富呢。税征太少，国家迟早会出问题。收税太少的后果是国家的口袋里根本没钱，什么事都没法干。对外抵御外敌没钱，对内修桥、修路维持治安也没钱。后面税收不上来，财政就会越来越紧张，就没办法养那么多军队，也没办法投入各种建设。国家窟窿自然越来越大，然后开始收缩和螺旋下跌，这个过程开始一般很慢，但速度会越来越快，后面就彻底崩溃了。

不管国家、公司还是个人，从盛到衰都会经历这么一个过程。一般国家刚刚建立的时候税收都是够用的，因为开始都要大规模搞土地重新分配，也就是我们说的土改。大家有了地就可以交税，政府有了税收就可以搞发展。人人都有地种，家家户户都在纳税。这时候税基很大，国家花钱的地方也不算太多。一切都在向好的方向发展，经济逐步进入良性循环，商业也在蓬勃发展。从经济学的角度讲，步入良性循环，国家应该越来越好，可到后面，政府却发现税收不上来了。

按理说国家发展了，经济规模变大了，税源也应该更多了，为什么税收不上来了呢？因为一个国家到了后期，财富越来越向大户集中，富人有很多办法不交税。他们可以找法律漏洞，可以迁移到避税天堂，还可以打着做慈善的名义避税。政府在和平年代拿他们也根本没办法，很多国家不收遗产税的原因是，别国不收你收的话，富人就会带着钱逃离。

而且一些国家发展到后期，各种利益集团的人都会进入政府担任高官，他们会想办法推动有利于自己的税收政策，所以大户们基本上是不纳税的。可国家开销总要维持啊，支撑国家开销的税收就只能由中产阶层承担，这点全世界都一样。到最后中产自然就越来越穷。富人不承担纳税义务，全部让中产承担，中产变穷也就避免不了了。历史上所有国家到了后期都是拿同样的剧本，不光是现代，从古到今规律一直没变过。

由于种种原因，一些国家到了某个阶段，税收总数少了，国家支出却一点儿没少，到了后期国家花钱反而更厉害了。一方面是因为和平年代久了，人的寿命越来越长，国家要养的老人越来越多。比如日本这种老龄化严重的国家，因为负担不起数量庞大的高寿老人，所以在打造无退休社会。国家机器越来越庞大，维持治安和搞社会福利的成本也越来越高。税收越来越收不上来，可政府开销却越来越大，只能开始借债。后面借不到钱导致财政破产，国家也就难以运转了。即使能借到钱，后面国债越借越多，直到大幅超出偿还能力之时，就会出现崩溃。

要知道借债这件事很长时间内是看不出任何问题的，因为毕竟是永续债，本金一般是不用还的。只要能还得上利息，富人就会放心把钱借给国家。利息从哪儿来呢？答案是税收和财政。后面债务越来越大，利息越来越多，收入却越来越少，债务自然也就崩了。不管是古代的罗马、古代中国的明清时期还是现代的美国，其实遇到的都是财政问题。但一旦数字货币全面推行之后，局面将会改变。

三

从消费者的角度来说，数字货币并没有多大的颠覆性可言，无非是使用电子支付软件，还是数字货币钱包。但是对于解决偷逃税、贪腐和洗钱这类社会治理问题，数字货币的改变是巨大的。

人类社会的税收无非有两种：一种是营利性组织税收，主要是各类型的企业，我们一般叫企业税，如营业税、增值税、企业所得税都是企业税。另一种是个人税，我们一般叫财产税，是针对个人财产征收的税种，如个人所得税、房产税、遗产税。无论是什么类型的国家，税源无非就这两种，只是不同阶段的国家，侧重点不同。

当一个国家不太富裕的时候，税收以企业税为主，比如过去很多发展中国家都是这样。大多数不太富裕的发展中国家，都是以企业税为主。这个阶段的特点是名义税率很高，但实际税率不高，因为有各种漏洞可以避税。

当一个国家的老百姓都富裕起来的时候，税收多数以财产税为主，如美国和欧洲一些国家。这些国家在税收这一点上，一直都是雷厉风行。美国开国元勋富兰克林就说过："世间唯有缴税和死亡不可避免。"当然也有部分西方高福利国家对企业和个人都收重税，通过收重税做转移支付，提高居民福利。

随着社会经济发展，会看到各种减税和扩大免税基数的政策，不过减税降的是名义税率。虽然名义税率下降了，但被纳入税收范围的企业增加了，等于税基变大了。因为之前一些企业采用很多手段避税，从来都没有按照规定交过税。

税务系统逐步完善以后，避税的空间肯定是越来越小了。不过虽然空间变小了，但是避税在纸币时代依然是存在的。比如很多时候可以通过现金避税，因为纸币不可追踪。过去很多中小企业就是这样做的，常用的手法是把企业收入做低。

在数字货币时代，这个办法就不好用了。数字货币对每个人来说，更像一个电子账本，是每个人实名下的金融账本。所有在个人账本发生的货币交易，就是上面数字的加加减减。数字货币消灭纸币后，就可以直接从数字钱包看到自己的总收入和总支出。只要进入个人账号的钱，无论开了多少张卡，都会规整到一个数字化账户。每一笔收入支出都会被记录。谁打给你的钱，花到了哪里，是否和你的收入相对应。这个链条可以追溯很长。只要这个链条上某个环节的钱出现问题，或者一个人的收入支出和他申报的收入不符，就会被系统识别出来。富人想通过各种手段跨境转移财富，难度也会大很多。

过去综合税制很难实施的原因是计算核实工作很难进行，征收成本太高。数字货币时代，综合税制推行是一件很容易的事。因为一旦数字货币全面推行，个人和企业资产变化在央行那里是一目了然的，会大大方便税收征集工作。

当然，这对代扣代缴个税的上班族们完全没影响。因为现在本来他们每年都要做个税综合汇算，也没什么避税手段。对于做税务优化的企业主来说，之前的大多数避税渠道就都被堵上了。

四

可能会有人有疑问，很长一段时间数字货币和现金都是同时存在的，这个阶段我多用现金周转避税不就好了。过去有一些人确实这么做，但是以后会越来越难了。不是说这个阶段不能用现金了，而是对大额现金会进行管控。

很多地区试点大额现金申报制度，个人存取款10万元就要申报。假如你在家里放了几百万元现金，提着成捆的现金去买房子，你这笔钱肯定要申报。钱从哪里来，是否和你的收入相符。你不上报，收你钱的商家也得上报。他不可能把那么多钱放在保险柜。

在未来的无现金社会里，任何大额现金的使用都会被重点监控。别不相信，要知道现在的美国即使远没有达到无现金社会的地步，假如你拿大额现金，比如1万美元到银行去存，也会被盘问很久。因为美国大多数的违法交易都是通过现金进行的。

数字货币最大的特点是财富在国家银行面前会完全透明。数字货币普及之后，企业和个人想逃税会变得越来越难。在这个阶段，个人和企业的每一分钱从哪里来，到哪里去，在央行这里都是透明的。资金流动会被全程记录并可追溯，非法交易和偷税等行为会变得越来越难。

在未来高度发达的数字社会里，只有靠智慧获得的正当收入才能获得鼓励和保护，知识会成为获取财富的利器。

从某种意义上说，数字货币的推行，对打破美元的货币霸权也有一定的帮助。作为当今世界唯一的超级强国，美国最可怕的地方并不是其强大的军事实力，美元货币霸权才是支撑美国地位的关键，军事实力也不过是为货币霸权服务的。拥有美元霸权，美国就可以向全世界收铸币税，发行美元薅全世界所有国家的羊毛。

现在美元霸权最核心的东西，是美国控制的国际支付系统SWIFT[1]。美国人就是靠这个平台，对世界各国进行控制和金融制裁的。因为全世界所有的金融机构基本都接入了SWIFT平台，都要靠这个系统搞货币结算，所有的美元交易也都要经过纽约清算所CHIPS[2]系统的清算才能完成。

也就是说，一旦SWIFT平台拒绝中转和CHIPS平台拒绝清算，就意味着你没办法和外国银行进行资金信息传输，你就只能在自己国家玩了。美国也就是通过控制这个系统才能对伊朗、俄罗斯这些国家搞金融制裁。以前美国怎么制裁伊朗、朝鲜的？就是通过切断支付结算，让你没法收钱也没法付钱。没法收钱付钱，自然没法和外国做贸易。

如果货币结算不用经过SWIFT系统，制裁和限制自然也就无从谈起。后面数字货币上线以后，这些问题都会不复存在。比

---

[1] SWIFT指的是环球银行金融电信协会，是一个国际银行间非营利的国际合作组织。
[2] CHIPS指的是纽约清算所银行同业支付系统，是全球最大的私营支付清算系统之一。

如数字人民币的技术路线，本质上就是货币流通去通道化。

这对受美国制裁的国家和有绕开国际清算系统需求的个体来说，吸引力是很大的。数字货币推开以后，无论什么国家或个人购买中国商品做贸易结算，再也不需要通过美国控制的通道中转了。这等于给了所有人第二个选择。

那么除了少数被制裁的几个国家，其他国家为什么要选择使用人民币呢？毕竟人民币又不是国际货币。货币最重要的功能是商品交换的媒介。既然是商品交换的媒介，就得能买到商品。换不到实物商品的货币就是废纸。所以货币的锚是什么？是实物商品。只要人民币币值稳定，又可以不受SWIFT系统限制购买中国商品，实际上就已经逐步国际化了。

五

当年美元成为国际货币，就是通过锚定实物商品以后，一步步艰难走过来的。

"一战"之前英国的国际地位就是现在的美国，工业产能已经全部转移到海外，本土只留了一堆大银行和少量军工企业。当时美元地位和我们现在的人民币差不多，只能在少数地方使用，英镑才是全球货币。

后面是战争改变了这一切。"一战"开始以后，战场上每天都是天量物资消耗。这些物资英国人有的能生产，有的不能。战争到了紧要关头，每天几千辆火车的物资和前线的上百万发炮弹都造不出来，只能从美国买。

一开始用英镑买军火，美国人还是认的。因为之前英国垄断了全世界殖民地以后，搜刮了大量黄金给英镑做背书。黄金在手，英国人宣布帝国英镑就是可兑换黄金的银票。只要拿着黄金来换就行，英国人刚性兑付不违约。时间长了，英镑就有了黄金般的信用，大家也都认了。不过仗打起来就不是这么回事了，黄金存量有限，而每天需要的工业制成品是无限的。

战争不知道何时结束，时间长了，背后的黄金迟早耗尽，所以美国人不收英镑了，提出只能用黄金购买。英国人也没办法，工业产能都在美国，战场那边物资一天都不能停。只能接受条件，大批黄金流入美国。战争结束后，美国人的手里有不少黄金，又有世界第一工业产能，就想把美元国际化，但是受到一些大国的限制。后面"二战"终于爆发了。

虽然"一战"把英国人折腾得半死，但老底子还在，"二战"才是彻底的伤筋动骨。美国在"二战"中卖给英国物资，也卖给纳粹和日本人。两边打得越厉害，美国赚钱越多。反正只要有人买，美国就到处卖。不过"二战"期间美国要求购买商品必须要用实物交换，主要是黄金。

而且战争时期美国到处出借美元，拿着美元就能买到美国造的任何东西。仗打完以后，美国拥有了世界70%的黄金和一半的工业产能，还有大量的美元债务。尽管这时候美元还不像英镑那样全球通用，但是你拿着美元可以买到美国的东西。美国又可以生产大家需要的一切东西，后面美元的信用就越来越强。

不过"二战"以后的美元暂时还没有达成国际化目标，虽然这时候全球70%的黄金已经在美国了。后面美国想的办法是，学着英国人宣布美元和黄金挂钩建立信用。宣布自己的美元就是黄金兑换券，并且承诺大家拿着美元就能换黄金。

大家本来用美元就能买到各种美国货，现在美元又和黄金挂钩了，自然对美元更加信赖。这时候的英镑却不行了，国内没工业产能，黄金也都去了美国。等于拿着英镑却买不到什么工业品，货币信用背后的抵押物黄金也没了，全球货币的地位自然就被美元取代了。

讲到这里，大家也应该看出来了，货币国际化这个过程相当漫长。过去美国人占据全球工业产能的一半以后，通过两次世界大战加持，获取了世界的大部分财富。之后又花了80年时间，才真正实现美元的国际化。不过数字货币无疑会加快这个进程。

货币数字化是一次革命性的治理变革。随着其全面推行，会解决两个令国家困扰已久的问题——一个是税收，另一个是贪腐。每个国家发展到后期都会碰到税收不上来的问题，最终导致国家财政崩溃。贪腐也是从古到今国家治理的最大难题，因为人性是永存的。

数字货币的全面推行，会改变这一切。财政和税收问题的解决意味着数字货币时代会彻底打破之前的王朝周期律问题。贪腐得到解决倒不是说人性变了不想贪，是技术手段保证了人没法贪，贪了也没地方藏。我个人认为率先全面推行数字货币的国家，有望成为未来世界最廉洁、社会治理结构最先进的国家。

第二章
经济中的危机和教训

下一次的次贷危机

未来人们将面对的，是美股版次贷危机。2008年的次贷危机是"两房"这种机构，让根本没能力买房子的美国家庭贷款买房支持楼市。全球将来要面临的金融危机，是银行在量化宽松和低利率的背景下，给本来就没什么造血能力的僵尸企业贷款，让它们推高股市。

虽然两次次贷危机的参与者不太一样，但可以肯定的是，最终的结果是一样的。很多人可能不明白次贷危机究竟是怎么一回事，这里我就讲讲次贷危机的来龙去脉。

经济危机的概念

首先，经济危机是怎么产生的呢？这里我们要说个概念，叫作"资产负债表"。可以说任何经济体，企业或者金融机构，资产和负债都是永恒的主题。多数经济危机的本质就是债务危机。债务导致资产负债表出现问题，后续的经济危机也随之而来。

资产和负债有一个对应关系，也就是"资产＝负债＋本金"。

这里面的"负债"存在一些差异：金融机构的负债，一般是杠杆类产品还有衍生品。企业的负债，则更多的是真实的债务。通常经济危机是怎样产生的呢？一般最常见的开端都是资产价格下跌。资产价格下跌，会导致资产负债表等式的两边出现不对等的情况。我们知道负债是刚性的，不可能随意变化。所以资产价格下跌通常会导致本金受损。在负债不能降低、本金受损的情况下，持有资产的机构就只能抛售资产，通过减少资产持有的方式来平衡资产负债表。

如果只有少数机构这么做的话，资产价格在下降一段时间后很快就会稳定，因为它们的抛售量比较有限。当资产负债表达到平衡以后，那些机构便不再抛售。在抛售总量不大的情况下，市场购买力也可以承受。但如果市场上很多大型机构和散户投资者都同时开始抛售，资产价格就会出现大幅下跌。原因也很简单，卖家太多了，市场上现有的购买力承受不住，价格自然就一泻千里。

资产价格大幅下跌带来的后果会形成恶性循环，由于资产负债表再次不平衡，又会再次引发资产抛售。当资产价格下跌到一定程度，导致本金不足的时候，这些机构就会破产。

多家大型机构破产会引发恐慌，紧接着就是金融海啸，2008年金融危机就是这个道理。最开始房贷违约率上升，导致相关的证券价格出现下跌，这本来是分散风险，但是由于CDO[①]担保债

[①] CDO，即担保债务凭证，是把所有可能的现金流打包在一起，并进行重新包装，再以产品的形式投放到市场的凭证。

务凭证和CDS定期存单这些衍生工具的引入，导致分散风险变得集中，之前的分散风险变成了系统性风险。

欧美多数的金融机构，之前都大量吃进了MBS抵押支持债券和CDS信用违约掉期这类金融衍生品，成为自己资产负债表的一部分。这类金融衍生品的底层资产，是房地产的贷款合同。投行把这些贷款合同证券化之后，把合同价值和还款的现金流都做成了金融产品。

当房价下跌的时候，贷款人会大面积违约，这等于资产价格发生了大幅下跌。多数大型金融机构都不得不随着资产价格的下跌，调整资产负债表。这个调整过程使得金融机构的本金消耗殆尽，所以后面引发了金融海啸。

在疫情发生的2020年，其实道理也一样。只不过引爆危机的导火索，从次贷变成了疫情，从CDS变成了股票，这中间又多了企业债。

次贷危机如何发生

我们继续以2008年金融危机为例，讲清楚次贷危机是怎么发生的。美国互联网经济泡沫在2001年破灭以后，美国经济开始走弱。美联储为了拯救经济，降低失业率，多次降低联邦利率。

股票市场正在经历互联网泡沫崩盘之后的低迷期，不断通过震荡下行，消化之前过高的估值。再加上经济衰退期，大家都购入债券避险，导致这些传统固定收益产品的收益率很低。利率降低以后，市场上铺天盖地的钱，这些钱又没什么地方进行投资，于是就盯上了房地产，房价从此开始上涨。次贷危机就是从这里开始的。不过要想说清楚次贷危机，就要说清楚什么是次级贷款。

银行和各种金融机构发放按揭贷款的时候，是按照申请人的信用水平和偿债能力分等级定价的。收入高而且工作稳定的人群，信用等级就高；收入低、没有稳定收入的人群，信用等级就低。

根据不同的信用等级，银行给这些客户提供不同水平的贷款利率。信用等级高的客户，会给予低息贷款。因为他们的风险溢价低，收取的利息就低。信用等级低的客户，银行往往不愿意贷款，或者需要担保人才给予高息贷款。这种贷款风险溢价较高，被称作次级抵押贷款。特点是风险较大，所以作为风险补偿，收取的利息较高。

这两种客户在银行肯定是都存在的。前期优质客户多的时候，基本都是高等级贷款。后面优质客户都贷过款了，可生意还得做啊，次级贷款也越放越多了。银行贷款时间久了以后，手里就握着一大把贷款合同。这些贷款合同是没法流动的，也就没法方便地买卖。

为了提高流动性，需要对这些贷款进行包装和证券化，所以就产生了MBS。什么是MBS呢？MBS，英文全名叫作"Mortgage Backed Security"，翻译过来就是抵押支持债券，是抵押贷款打包证券化的产物。所谓的抵押贷款打包证券化，就是银行把手里的贷款合同和买房人还贷的现金流，打包组合证券化，然后再把这些证券化产品拆分成三个层级出售，分别是优先级、次优级和次级。

MBS是一种结构化固定收益产品，定期给投资购买的人合同约定的回报。合同期满，会还本付息。这个证券化产品简单地说，就是客户到银行，是不能直接购买别人的贷款合同以获取固定收益的，只能买银行的理财产品。MBS就是银行把不同的贷款合同标准化以后，卖给客户获取固定收益的一种证券化理财产品。

这里面优先级安全等级最高，每次从贷款合同收到现金流，首先要保证优先级收益。优先级收益满足以后，再满足次优级的收益，最后是次级贷款收益。所以优先级风险等级最低，期望收益率也最低；次级期望收益最高，风险也最大。

除了做分级结构，投行还用CDS包装了MBS产品，大幅度提高了MBS的信用评级。所谓CDS，英文全称是"Credit Default Swap"，中文叫信用违约掉期。简单来说，它就是为投资产品设计的一种保险。

银行持有大量次级贷款，又很担心这些贷款会出现大面积违约。毕竟这些次级贷款的客户人群收入不稳定，信用也不好。而且次级贷款太多，不利于MBS的信用评级。

那么这时候银行怎么办呢？为了提高MBS的信用评价，银行会为这些次级贷款购买CDS做保险。银行每年会付出一定的保险费，比如0.5%。如果次级贷款违约，CDS的卖方会代替违约的次级贷款继续偿还贷款。通常CDS卖方会从银行按照原价买下贷款，或者按照原价和现价的差额弥补银行损失。有了CDS做保险，银行的担心自然就没了。MBS的信用评级也会很好看。

这时候大家看到MBS收益稳定、评级又高，全世界的投资者和机构都争先恐后地去买MBS当作理财产品投资。银行的MBS理财产品很快就卖光了。于是银行开始发放更多的贷款，有了更多的贷款合同，才能包装成MBS产品。

那时候联邦利率在美联储不断降息以后处于低位，银行的资金存在大量的流动性，所以账面上更多的钱可以发放更多的贷款。可问题来了，合格贷款人的数量是有限的。之前的优质客户早就贷完款了。所以银行决定降低贷款标准，原来不给发放贷款的次级客户，现在也能拿到贷款了。

到这一步，一切看起来都很完美。银行赚取渠道费用、管理费和利差，有钱的投资人和机构拿到稳定的收益，没钱的穷人拿到贷款买了房。这个阶段也根本看不出任何风险，偶尔有几个人还不上贷款，但房价一直上涨，银行也可以收回房子进行拍卖。房价一直上涨的原因也很简单。由于银行资金不断入市，市场上房屋的存量却是有限的，因此庞大的购买力在不断推动房价上涨。

银行的胆子越来越大，进一步降低了贷款人标准。原先收入不稳定的人群，不但要求购房首付比例在30%，还需要收入证明。现在他们不管有没有收入都能拿到贷款。由于房价上涨，贷款购买的房子甚至还能被二次抵押贷款,用以购买第二套房子,等于是杠杆上加杠杆。要知道这些人其实是根本没有贷款偿还能力的,只要月供增加一点点,马上就还不上贷款。

除了把次级贷款做成MBS打包发售,银行还基于MBS和CDS开发了CDO,也就是"Collateralized Debt Obligation",中文名叫作"担保债务凭证"。

之前的MBS还是用房贷或者房子实物做抵押的,CDO则是由房贷利息偿付的现金流做抵押。说白了就是别人在我这里借了钱,给了我房子作为抵押物。而我把抵押物又抵押给了第三方,获得了第三方的资金,这等于是杠杆的平方。源源不断的贷款在这个循环中被放出去,不断地推高房地产泡沫。

这里简单总结一下,次贷危机就是在低利率、流动性过剩的背景下,次贷不断进入楼市,推高房地产泡沫。在这个过程中,银行放出次级贷款拿到贷款合同,贷款合同被包装成MBS,卖给投资者回收资金。回收的资金银行继续放出去,创造更多的次级贷款合同,也就有了更多的MBS和CDO理财产品。投资银行为防止次级贷款违约,还给MBS买了CDS做保险。

不过让银行和投资者没想到的是,CDS的卖方也会违约,也就是保险居然失效了。失效的原因也简单,当初大家买了次级债觉得不安全,就给这些债券买保险。后来保险公司发现,自己根本支撑不住那么大规模的金融衍生品违约,也要破产。

于是美国人通过量化宽松,释放了海量美元。这些美元被注入华尔街的银行,让他们把窟窿堵上,先别破产倒闭了。同时政策开始连续降息，通过降息刺激经济，后面又引发了一系列新问题，这些问题一直持续到现在。

泡沫的破灭

为什么2007年次贷危机爆发的时候，很多人突然还不起贷款了呢？因为在泡沫足够大的时候，只要利率水平稍微提高，就会刺破泡沫，引发负反馈。

从2006年开始，美联储觉得美国经济基本复苏了，市场上通货膨胀水平也比较高，于是开始不断加息，抑制通货膨胀和经济过热。当利率上涨到一定水平，很大一部分次级贷款人就还不起贷款了。一方面因为利息上涨以后，每月的还贷压力增加，另一方面紧缩的货币政策，会降低就业率和工资上涨。

这时候的房价其实已经很高了，加息以后，越来越多的次级贷款开始违约。违约以后，银行还是采用和以前一样的处理方式，收回房子在市场上拍卖。要知道现在和之前的情况已经有所不同。连资质和信用最差的人都已获得贷款参与到楼市投机中，因此剩余的楼市购买力早就不足。

本来楼市的购买力就不够，银行又因为大批次级贷款违约把一堆房子拿到市场上拍卖。这时候的市场自然是供过于求，房价便急转直下。房价一跌，便开始有人抛售房产，接着更多的人加入抛售大军，房价下跌得更加厉害。越来越多贷款购买的房子因为违约回到了银行手中。

这等于是MBS和CDO依赖的底层资产，也就是按揭贷款合同，已经出现大面积违约。现在银行根本拿不到贷款客户按时偿还的钱，手里只有一批卖不出去的房子。购买MBS的次级客户严重亏损，之后是次优级，最后连风险最小的优级都拿不到本金了。所以我们看到的结果先是MBS崩盘，紧接着基于MBS的CDO也崩盘了。不管是放贷款的银行，还是买MBS和CDO的机构和个人，这时候都拿不到钱了。一连串破产到来：新世纪金融破产、雷曼兄弟破产、贝尔斯登破产、"两房"申请破产保护。

大家看到这种情况都产生了恐慌情绪。所有人都开始要求收回资金，提前偿还贷款，整个市场便崩了，于是金融危机爆发。这也就是历史上的"Subprime Crisis"——次贷危机。

用资产负债表公式解释次贷危机也很简单。公式的构成是"资产 = 负债 + 本金"。金融机构把这些次级贷款合同打包成MBS贷款不断加杠杆，其实就是在不断做大负债。这部分负债不断做大，意味着金融机构不断放出贷款，到市场上购买房子这个资产。汹涌的购买力会推动资产价格上涨，也就是公式左边的资产上涨。资产在负债不断做大的同时，也在不断变大。本金虽然会因为金融机构赚到利润而变大，但是和负债放大的规模相比，可以说是九牛一毛，基本忽略不计。

等到资产价格逆转的时候，公式左边的资产因为房地产价格下跌而不断缩水。我们知道负债是刚性的，不可能减少，所以公式右边能减少的只有本金部分。之前几年金融机构赚到的利润虽然也注入了本金，但比起庞大的资产损失，根本不值得一提。

很快这些金融机构就因为本金损失殆尽，陷入资不抵债、接近破产的地步。金融机构都要破产了，这时候不光投资人的钱还不上，市面上也没人敢放贷款了，信用也陷入紧缩。这时候经济直接停滞，金融海啸也就来了。所以后面美联储才会给这些金融机构注资。这等于是注入本金，避免他们破产引发连锁反应。

企业债潜藏的问题

我们知道国家债务一般分为政府、企业和居民债三部分，而经济危机的本质又是债务危机。每次美国本土出现危机，其实都是因为企业或者居民出现了债务危机。

为什么政府债务就不会引发危机呢？因为在现行的信用货币体系下，理论上政府债再高也不会出问题。内债不算债，可以当成一种税。化解内债的办法有很多，可以央行印钞，也可以把利率降到零甚至负利率。

但企业债和居民债就不同了，央行根本无能为力，总不能让央行印钞帮企业和个人还债吧。2008年次贷危机就是美国居民部门出现了债务危机，美国家庭债务那时候处在最高位。

次贷危机之前，银行把贷款产品包装以后借给穷人买房。后面加息很多人还不起贷款，产生了连锁反应，导致整个金融系统崩溃。

2008年这次教训让美国人刻骨铭心，最近十多年美国居民部门储蓄率都在持续提高，家庭债务相对GDP占比也已经降到了70%多，回到相当健康的水平。

目前美国经济的主要问题出在企业部门。美国企业部门债务已经从2007年的5万亿美元增加到2020年的十几万亿美元，企业债在GDP中的占比也已经到达历史高位。不但企业债在GDP的占比到达历史高位，1991年以来企业负债也首次超过居民负债规模。企业的杠杆率也超过了2008年金融危机的水平，与之对应的则是居民部门杠杆率一路下行。

为什么现在美国那边的企业债以肉眼可见的速度水涨船高呢？因为股票回购。美股现在处在泡沫中。在目前的低息环境下，美国企业在大量发债进行回购，防止泡沫破灭。

过去10年，借债最多的就是美国的企业。这些年美联储持续宽松压低利率，投资级公司债的利率已经创下历史新低，发债借钱变得无比容易。不过发债借钱的公司并没有投资扩大生产，而是干起了发债回购炒股票的事。公司债务的增长和股票的净回购基本是正相关的。

那么为什么企业不投资扩大生产呢？因为市场本身是靠购买力驱动的，没有订单就没法扩大生产。需求无法增加，所以企业拿到钱并没有扩大生产，而是拿来回购股票。

要知道发债后回购自家股票的公司有很多，首先是达成公司的经营目标相对容易。现在全球都面临产能过剩的问题，大家觉得生意越来越难做。通过发债回购玩数字游戏，把股票注销或变成库存股，能轻松减少股本、提高股价和每股利润，达成公司的经营目标。

其次就是公司高管能从回购中获得巨额收益。美国公司高管的收益主要是工资和股权激励两部分,后者是大头。假如公司给某员工100万股行权价是12元的股权激励,那意味着股票价格涨过12元,每上涨1元,该员工的年收入就多了100万元。于是高管们有很强的动力发债推高股价,兑现股权激励。年复一年,每年发行更多的债券,回购更多的股票推高股价。

最近10年,美国家庭债务部门不停去杠杆的同时,企业债务部门却在不停地加杠杆。因为美联储利率接近零,美股这些公司发行10年期企业债平均年化利率只有3%。所以这10年出现了一个奇怪的现象。很多美国公司的营收并没有快速上涨,但股价和利润都涨了,秘密就在公司债的回购上。

廉价的资金成本驱动大公司高管们不断借债推高股价,道琼斯指数[①]也从6000多点,被推高到现在的3万点。

现在美股最大的买家是非金融企业。它们购买了超过3.4万亿美元的股票,与此同时,ETF和共同基金只购买了1.6万亿美元的股票。非金融机构其实就是上市公司自己,资金都是通过发行企业债借来的。

企业债的关键在于到期必须要还债。再大的企业也不可能像国家一样印钞还债。所以债务到期无非两个选择,要么直接还钱,要么借新还旧。可现在的问题是,想要直接还钱根本没可

---

① 道琼斯指数通常是指道琼斯股票价格平均指数。它以在纽约证券交易所挂牌上市的一部分有代表性的公司股票作为编制对象,由四种股价平均指数构成。

能，毕竟债务规模实在是太庞大了。

加息以后借新还旧，意味着需要付出更高的利息成本，很可能会导致众多企业债务违约或崩盘。目前大部分企业贷款会在未来一段时间后开始到期。不出意外的话，那时候应该已经因为通货膨胀而开始加息了，美股的泡沫大概率会破，企业债也会迎来大规模违约潮，美股版次贷危机也就到来了。

美股与次贷危机

我这里预测的是，后面即将面临的全球金融危机，将是次贷危机的美股版。我们需要再回到那个资产负债表公式来说明，也就是"资产＝负债＋本金"。

过去10年，因为利率始终处在低位，大量的美国企业通过发行企业债的方式回购股票推高股价。美国上市公司回购的股票一般不会注销，会作为库存股保留。通过借债的方式回购股票，等于是做大了公式右边的负债部分。公式右边的负债部分增加，导致公式左边的资产部分也在同步增加。

因为企业不断发债回购，客观上增加了公司股票的买方。边际购买力的增加，也就使得价格不断上涨。在美联储长期低息的背景之下，企业的负债不断做大，与此同时，资产规模也不断膨胀。然而资产价格一旦逆转，公式左边的资产端就开始缩水。

在"资产＝负债＋本金"这个公式里，我们知道债务是刚性的，没办法减少。那能够减少的就是公式右边的本金部分，后面资产价格下跌得越快，公式右边的本金就减少得越快。什么时候美股暴跌，导致公司资产缩水，使得本金消耗殆尽的时候，企业大规模破产潮就来了。

这次刺破美股泡沫的最终因素是利率。利率上升除了刺破美股泡沫，还有一个结果就是这些企业过去借的低息债务，利息负担会急剧上升。这时候公式右边的本金部分，受到的就是双重打击。一方面要填补资产价格下跌导致的负债表再平衡，另一方面还要填利率上升的窟窿。资产价格下跌和加息的双重打击，会导致公式右边的企业本金消耗殆尽。最终的结果就是企业出现大规模破产，老百姓大规模失业，从而引发之后的全球金融危机。

这样看，是不是和当年的次贷危机一样？放贷的银行不断通过MBS和CDO增加自己的负债，做大资产。后面房地产这个底层资产价格下跌，引发逆向反应。金融机构本金消耗殆尽破产，引发金融海啸。

和次贷危机唯一的不同可能是上次的次贷危机是因为房地产这个底层资产下跌，最终引发资产端缩水，大型金融机构本金消耗殆尽，全球金融风暴爆发。而这次美股版次贷危机，将会因为美股泡沫被利率刺破，引发的企业大规模破产潮。

2008年出事的金融衍生品是MBS和CDO这种东西。不出意外的话，后面出事的应该是CLO。CLO的中文名叫作"企业债贷款凭证"，英文全称是"Collateralized Load Obligation"。CLO的限制条件在2010年和2014年连续松绑，近年来更是变本加厉，不光通过修改《多德弗兰克法案》放松对企业发行债券的监管条件，还突破了原来CLO发行方需要保留5%进行风险兜底这条底线。

CLO的发行方主要是银行，投资者和当年的MBS一样遍布全球。作为发行方的银行不需要为CLO背书，也不需要承担任何责任。现在的美国企业债有14万亿美元，在打包进CLO产品的tiple B评级的企业债中，至少超过1.5万亿美元是垃圾债务伪装的。目前的CLO就像一根导火索，只要有一部分违约，就会引起连锁反应。

过去企业通过发行债券回购股票拉高股价。公司市值不断增长的同时，还增加了投资收益和分红。如果债券违约出现抛售，整个循环都会逆转。卖出股票回笼资金还债，会导致股价走低。这意味着需要抛出更多的股票，才能偿还原有的债务，最后的结果就是大抛售和大崩盘。这次一旦引发金融海啸，就不仅仅是一个雷曼兄弟破产那么简单了，加息引发系统性风险必然会让大量企业破产。

看 准

通货膨胀之后会发生什么

为应对疫情带来的经济低迷,全球央行都在印钞扩张资产负债表支持经济,比如美联储,在2020年疫情之后的短短两个月时间内,美联储的资产负债表就增加了2.7万亿美元的规模。

扩张资产负债表的并不只有美联储一家,全球央行的资产负债表都在急剧扩张。上一次这么大规模的放水还是在2008年。不少人应该记得,2008年4万亿元刺激以后,手持100万元现金的人和手持100万元资产的人快速拉开距离。其实这就是老百姓常说的通货膨胀,本质是钞票印多了,钱不值钱了。经济学家弗里德曼说,通货膨胀在任何地方都是政治现象,这话一点儿都没错。不管是凯恩斯还是新自由主义统治的时代都是这样。

罗斯福新政

自1929年开始,美国发生了经济大萧条,并成为波及整个资本主义世界的经济危机。

这场危机结束了亚当·斯密开创的古典经济学近百年的统治

地位，把主导权让位于凯恩斯主义，罗斯福总统就是在这个时间点登场的。古典经济学也可以叫古典自由主义，这套理论认为国家只能用市场这只看不见的手调节经济。

美国总统柯立芝时期的繁荣和咆哮的20年代，源自古典自由主义。这种态度反映到经济上就是：政府把企业交给了市场，市场才是经济最好的左右手。完全市场化带来的结果是强者恒强，后面自然是马太效应①越来越厉害。小公司一个个倒下，大公司越来越大，形成垄断组织。整个20年代美国工人工资上涨了2%，垄断组织的劳动生产率却因为流水线的大量投入使用而上升到55%。

2%和55%之间的差额就是资本家赚到的剩余价值，后面自然是贫富分化越来越严重，最后的结果是10%的人占有了45%的社会财富。在历史上，如果出现10%的人拿走了45%以上财富的情况，结果都不太好。第一次出现时首先发生了1929年大萧条，随后发生了"二战"。第二次是2007年，2008年的时候发生了次贷危机。第三次就是疫情之后。

罗斯福是在大萧条之后的1933年上台的，他抛弃了古典经济学那套只用市场这只看不见的手调节经济的自由主义做法，不再放任市场，主动进行大规模的经济干预，史称"罗斯福新政"。这套需求创造理论被一个叫凯恩斯的人总结了出来。1933年罗斯福上台，1936年这个头脑灵活的人就开始写书论述新理论。

---

① 马太效应，指的是一种富者更富、穷者更穷的两极分化社会现象。

没几年，这套东西变成了凯恩斯主义，凯恩斯也成为一代宗师。和罗斯福有同样想法的还有同时期的德国。面对大萧条，两国不约而同地抛弃了自由资本主义，让国家来介入经济。

我们知道资本主义经济危机是因为贫富分化太剧烈，导致穷人丧失购买力没钱买东西，造成生产相对过剩。所以要解决问题就要让穷人有钱买东西，没有需求就创造需求，通过创造需求提供工作机会，给工人发工资提高购买力。

这么说可能很多人不明白，我们打个比方，普通人的消费能力就像一个水库里的水，只有这个水库不断有水流出，才能推动经济的发电机持续运转，可水库有水流出的前提是里面有水。凯恩斯主义说这个简单，不就是水库没水吗？那我加水不就得了嘛。这个水从哪里来呢？一方面是向资本家加税，另一方面是向资本家借贷。这两个办法的本质都是把资本家手里的钱临时抽到水库里。为什么说临时呢？因为劳动生产率剪刀差的存在，大众的钱迟早会以利润的形式回到资本家手里。这等于水库的水迟早要干，所以凯恩斯这套理论只能延缓危机。

观察"二战"以后的西方国家我们也会发现，这些政府都奉行高税收和高福利。政府提高税收，收来的钱部分拿来搞基础设施、科研这些公共建设，另外一部分拿来搞社会福利和保障。老百姓手里有钱又有保障，自然就敢花钱了。

凯恩斯主义

凯恩斯主义认为，经济衰退造成私人投资不足、开工下降，这时候失业率就会上升。大萧条证明古典经济学那套自由主义理论无法克服周期性经济危机，无法解决大萧条带来的大量失业问题。市场这只看不见的手失灵的时候，政府应该动用看得见的手推行宽松的货币政策和积极的财政政策。扩大政府开支，推行财政赤字，通过加大政府投资来刺激经济、维持就业就成了最佳选择。

之前的自由资本主义是资本家生产2元钱的东西，发1元钱工资。结果最后东西卖不出去，因为穷人没钱买。凯恩斯主义是资本家生产2元钱的东西，发1元钱工资，政府再负债1元钱发下去。大家获得2元钱的东西，资本家多赚1元钱，政府负债1元钱。

事实上，凯恩斯主义并没有减少资本家的利润，只是把资本家赚到的钱变成了政府的有息债务。政府本身是没钱的，只是向资本家借债加税来创造需求，通过发工资来提升穷人的购买力。

为了追求眼前的就业和平衡，政府通过负债把现在的问题往后推。借债是要还的，等还债的时候政府只能指望经济增长带来更多税收增长，否则只能借新债还旧债。凯恩斯的反对者提出这么玩债务会越来越多，借到最后还不上问题更大。凯恩斯的回答是，用这个策略将来可能会死，不用的话现在就得死。所以凯恩斯主义就算是毒药，各国政府也得吞下去应对大萧条。

要知道罗斯福新政搞的那些项目，并没有办法创造更多税收和增长，只能靠政府借更多的债填窟窿维持增长。20世纪30年代美国国债涨了四倍。借债游戏终于玩不下去了，1938年美国和德国因为再次爆发经济危机而陷入全面萧条。罗斯福已经把国债借贷和货币贬值用到极致，借债游戏没办法继续下去，后面是德国撑不住了发动"二战"，一定程度上可以说是在经济上救了美国。德国借债创造就业机会造的全是飞机大炮，这玩意儿没法给老百姓消费，也没办法拿来给资本家还债。再不做点儿什么国家就要破产，战争在这个时候就成了德国唯一的选择。1939年"二战"开始，所有国家开始进入充分就业。这个阶段美国失业率直线下滑，就是"二战"带来的。

凯恩斯主义的发展在"二战"以后没有停滞，后面几任美国总统继续将其发扬光大。70年代之前，激进的财政政策配合宽松的货币政策，大规模赤字财政和高额国债是经常性政策。持续扩张的货币和财政刺激也为未来的通货膨胀持续走高和里根时代新自由主义复辟埋下了伏笔。这段时期是美国劳动人民的黄金时光，尤其是中产阶级，现在还有无数美国人在怀念六七十年代。当时美国中产阶级遍地，随便出门就能找到起薪不错的工作，一个人工作养一家，一家人住在带泳池的大房子，年轻人充满激情。

可是到了70年代，大家发现凯恩斯这套东西不灵了，滞涨突然来了。凯恩斯时代美国政府向普通人借钱，美国国债是美国政府对美国人民的债务。本来想着靠发展还债，可发展总有减速的时候，后面发展增速减缓到还不起的时候，就只能借新钱还旧债。借不到新钱就还不起旧债，后面是靠"二战"把美国拉出了之前的债务泥潭。"二战"后美国人继续搞借债经济，借到后面不光旧债还不起，连利息都还不起。这时候就很难再借到钱了，不得不印钞还钱。这也是为什么凯恩斯主义的致命弱点是政策主张与生俱来的通货膨胀倾向。政府不是大量借债嘛，所以总是在试图通过印钞贬值货币，以减轻债务带来的财政压力。70年代突然到来的石油危机抬高了通货膨胀，游戏玩不下去了。这时候继续印钞还债会引发恶性通货膨胀，不印钞还债又借不到钱刺激经济发展，失业率升高。

按照凯恩斯的理论，失业只会存在于经济低迷期，这时候生产停滞，利率走低。通货膨胀则发生在经济高潮期，这时候生产发展，利率走高，所以失业和通货膨胀不会并存。通货膨胀和失业突然间同时来了，意味着经济停滞和通货膨胀同时来了，也就是停滞性通货膨胀来了。

里根经济学

凯恩斯主义失灵以后，里根上台了。里根的口号很振奋人心："让美国再次伟大。"如果说凯恩斯理论是从需求角度刺激经济，那么里根经济学就是从供给角度刺激经济。供给学派认为，国家搞凯恩斯那套，就是通过劫富济贫给底层发钱从而提高购买力。这是人为创造需求，这种办法一方面用高福利养懒人，一方面搞出一堆大而不能倒的企业。市场的调节作用被政府破坏了，企业该破产不破产，人民该劳动不劳动，经济肯定好不了。

里根开出的药方是什么呢？废除凯恩斯主义的政府干预，改回原教旨资本主义。看看口号就知道他改了点什么："小政府，低税收，低福利""让市场这只看不见的手来自行调节经济问题""政府不能解决问题，问题就出在政府"。没错，里根上台以后把对内经济政策又改回到了20年代大萧条之前的那套自由主义。

所谓里根经济学，对内其实就是原来古典自由主义那套东西的加强版。政府减税，持续削减福利，企业大规模推行私有化是其核心。因为这套思路是以恢复供给端企业活力为核心的，所以被称为供给端改革。

我们前面举过一个水库的例子，用来说清楚里根经济学也没啥问题。如果凯恩斯主义对内是想办法给水库加水，让经济发电机继续运转的话，里根经济学对内就是想办法把水库里剩余不多的水再想办法榨干净。里根经济学认为东西卖不出去购买力产生了缺口，并不是消费者真没钱了，而是消费者总是喜欢攒钱，希望存钱有备无患，用来解决未来可能发生的问题。钱都被存起来了，自然市场购买力就有了缺口，而且高福利社会总会让人们期待政府免费给自己解决问题，还会养懒人。

里根经济学当时之所以能奏效，是因为此前凯恩斯主义盛行的几十年推行高福利，美国人还有不少积蓄，也能榨得出油水。所以当时里根砍掉社会福利逼着美国人花钱的时候，是可以为资本主义续命的。

怎样才能让人们花钱呢？简单啊，把福利砍了，让大家必须去花钱。能让人必须花钱的东西首先是食品，但这个东西是没法动的，穷人饿肚子要出大乱子。其他能让人花钱的就是教育、医疗和住房类项目了，所以从里根时代开始，这些行业就开始大规模推行产业化。中产阶级成为经济改革的牺牲品。对于中产来说，克服了这几个困难，中产就能保持自己的阶级；克服不了这些问题，中产就会往下滑。所以哪怕再困难，中产也要想办法加入这个游戏中。之后再用消费主义给中产阶级洗脑，巧妙地把智商和阶层同消费挂钩，掏空中产阶级的口袋。

这就造成了一个后果，里根时代之后的中产阶级的负担越来越重，也越来越穷。在1971—2015年的40多年间，美国中产阶级的空心化一直在稳步推进。生活在中等收入家庭的美国人的比例从1971年的61％降至2015年的49.4％。

当然，美国中产阶级人群持续减少还有一个原因是来自收入端的不断减少。全球化以后产业转移，因为制造业不断转移到其他国家，造成美国人的工作机会越来越少。普通人拿不到产业跨国转移带来的利润，这部分好处都被跨国企业拿去了。

新自由主义

如果说凯恩斯主义是国家垄断资本主义的理论基础，那么里根推行的新自由主义就是国际垄断资本主义的理论基础。里根经济学从世界的角度看，更像是凯恩斯主义的加强版。凯恩斯时代美国政府向人民借钱，国债是美国政府对本国人民的债务，这种债务上限很低。罗斯福在"二战"前借了400亿美元，就把美国人民的口袋借空了，借不到新钱还不起旧债就只能打仗。打完仗之后，肯尼迪和约翰逊又借了一轮，到尼克松时就已经扛不住了。里根时代另辟蹊径，通过推行新自由主义把美国政府变成全世界的超级政府。美元升级为世界货币，美国国债向全世界发行，也就是向全世界借债。

美国拿着美元向全世界各国投资输出购买力，这意味着人类历史上第一次出现了一种全球性纸币。它以美国政府的信用做担保，在全世界流通，为全世界输出购买力。它的发行依赖于美国政府发的国债，这些国债由全世界一起购买、一起承担。这打开了美国的借债上限，意味着只要还的上利息，美国就可以发行海量国债，输出海量美元。凯恩斯主义的本质是国家借钱刺激需求搞发展，宽松的财政和货币政策一起上，通过通货膨胀刺激经济。借钱是要还的，想彻底解决还钱问题，除非天降横财，或者瓜分他国资产。

不过对于美国来说，当时这些情况都没有发生，"二战"以后美国人一直在和苏联对抗，还烧钱打了几次战争，根本没什么收益回流，所以凯恩斯主义自然玩不下去，走到了尽头。新自由主义为什么能玩到现在还没有结束呢？不得不说美国从里根时期开始运气真的好，在20世纪80年代拉美危机先收割一拨，90年代苏联解体再收割一拨，后面成功打压日本制造业刺破泡沫又收割一拨，亚洲金融危机再收割一拨。之后信息技术革命带来技术突破，再加上中国加入世贸组织，美国和世界工厂捆绑。这一系列有如神助的好运把美国经济推上顶峰，一直给新自由主义续命到现在。后面按照美国自己的计划，如果能收割其他体量大的国家，还能再续命一拨。当初美国同意中国入世的原因之一就是这个。

现在没办法收割中国，美国的债务也越来越大，后面还不上钱的话，新自由主义也即将走到尽头。从80年代里根打开美国债务限制开始，美国的国债上限就在不断上调。最近的增速是越来越快，几乎是一根直线开始加速向上。曼哈顿第六大道的国债钟每天都在显示着激增的美国国债。按照国债钟官网预测，2024年美国国债预估将达到43万亿美元。

我们之前说过债务是有天花板的，不可能永远不停地借下去。一般而言，如果没有天降横财，想从内部债务解决问题主要有三个办法：一是通过经济增长缩小债务占GDP的比重；二是不断提高债务上限，采取宽松的货币政策，也就是印钞；三是直接违约。

目前美国经济增长速度已经落后于债务增长的速度，要达到债务增长速度，GDP增速需要超过7%。美国也无法直接承受债务违约的巨大风险，因为会引发远超2008年的经济危机，最后就只剩下印钞一条路。大量印钞的结果，自然就是全球通货膨胀和资产价格的上涨。这是债务人的胜利和狂欢，因为对居民和企业来说，资产负债率等于总负债除以总资产，资产价格的上涨会明显降低债务人的资产负债率，实现我们之前没有完成的去杠杆任务。

货币超发后，首先是债券的价格上涨，接着是权益类资产的价格上涨，然后是大宗商品和地产的价格上涨，最后是食品和消费品价格的上涨。消费品尤其是食品的价格上涨是各国所不能承受的，底层吃不起饭是要出事情的，所以后面会让央行不得不开始加息。加息累积几次之后，就会带来债务崩塌，那时候我们就会看到美股大瀑布的到来。

或许疫情之后，全球经济在衰退转萧条之前还有最后一次繁荣。可以预见的是，这次可能要靠投资和补库存周期来实现货币扩张，投资主要是基建，补库存动的主要是上游周期品。周期品需要需求驱动，后面我们应该会看到全球都会开启新一轮大规模基建。

2021年与2007年何其相似。没有疯狂就没有危机，大疯狂之后才有大危机，天道本来就是如此。2022年以后，美国新一轮债务同样也会到期，债务危机大概率会引发类似2008年的全球金融危机。随后经济危机和全球大萧条爆发，国际游资全力出逃美国，疯狂涌入其他国家。毕竟资本没有祖国，在哪里能赚到钱，它们就会往哪里去。

经济危机乃至大萧条发生的根源

每一次社会剧烈的贫富分化,带来的结果都是有效消费需求不足,最终的结果会让整个社会生产相对过剩。东西卖不出去,工人拿不到工资,经济陷入停滞和危机。这里我通过回顾经济危机的历史,讲一讲经济危机是怎么产生的。

贫富分化的难题

从古到今,不管在任何时代,社会运行的主线都是经济。多数社会问题本身也都是经济问题的延伸。其实国家从本质上看很像是一个公司。公司想要发展壮大,就需要能赚到钱。

有了利润以后,公司才能给员工更高的工资和更好的福利待遇。公司也是有钱以后,才能建设企业文化,让员工有更多的归属感和认同感。公司福利待遇没跟上,企业文化建设也没跟上,员工就总想着跳槽,到外面去寻求美好生活。国家其实也是一个道理,如果经济水平没有发展到一定程度,国民认同感就不够,也就总是想往更发达的国家跑。

很多事情虽然表面上看起来不一样,但从经济角度看,底层逻辑都是一样的。可以说利润和收入水平是一个公司发展的根本,经济繁荣则是国家发展富强的基础条件。不过从历史上看,历朝历代经济发展到一定阶段以后,伴生的最大问题就是社会贫富分化程度不断扩大。而且这个趋势一旦开始,就基本不可逆,最终影响社会稳定。

人类社会认识到经济发展以后必然产生的贫富分化对社会稳定影响巨大之后,各种学者和经济学家就试图不断寻求可行的办法,以实现国家经济长期发展和社会结构长期稳定。回顾历史,所有人提出的办法都没有经得起时间的考验。这些学者和经济学家的思考和理论,最终也都倒在了贫富差距不断扩大这道难题面前。

历史上,每个国家或者王朝的重生、强盛、衰退和毁灭,其实很大部分的原因都是贫富差距过大造成的。这样的例子比比皆是。以前大家经常听到的所谓的三百年王朝周期律,说到底也是贫富分化和土地集聚问题。

著名历史学家傅斯年总结三百年王朝周期律的时候曾经说过:过去中国在封建时代里,中华民族只要休养生息70年,就能击败视野中的大多数对手,然后开始加速向外扩张的过程,最后在土地集中和豪强争霸之中迎来动荡,最终走向衰败。

自由市场的贫富分化

现代经济学鼻祖亚当·斯密开创的古典经济学，也被称作"古典自由主义"，在大萧条之前的西方资本主义社会占据了统治地位。这套经济学理论认为，国家只能用市场这只看不见的手调节经济。国家把企业交给市场就行，市场才是经济最好的调节手段。

为什么亚当·斯密觉得市场才是经济最好的调节手段呢？因为在《国富论》中，亚当·斯密最基础的假设就是人都是自利的。为了追求个人利益，每个人都会对参与经济活动获取利润具有极大的主观能动性。如果个体参与经济活动不被国家干预，每个人必然都想获得更多的利益。所以国家只要提供自由的市场环境，让市场经济自由发展就可以了。每个人都发挥主观能动性赚到钱了，国家也就有钱、变得富强了。

他所说的，就是市场会用一双看不见的手调节每个人的利益，最终大家发挥主观能动性，就可以让国家变得富强。亚当·斯密的这套古典经济学理论，在当时被绝大多数资本主义国家广泛应用。一直到1929年大萧条发生之前，古典经济学都在西方资本主义国家中占据统治地位。

不过亚当·斯密这套古典经济学理论里面，最矛盾的一点是：既然个人利益最大化是所有人的私心，在没有国家干预的背景下，大家都会不择手段赚钱。而没有干预的自由竞争，就会存在一个强者和弱者的问题。作为自由竞争中的强者，在这种情况下必定不断想出各种办法，试图从弱者那里剥削更多的剩余价值。

马太效应之下，弱者永远是被剥削者，剩余价值必定是被强者瓜分。原因在于人的能力有大小，智商、判断力和执行力也天差地别，最终必定导致贫富分化不断拉大。我这么说可能很多人难以接受，然而这却是在现实生活中客观存在的。

以前总有人觉得贫富分化不断拉大的问题，很大程度上是由于社会制度不公平导致的。然而即使起步条件一样，只要时间足够长，贫富分化依然是无法改变的自然规律。这是由于个体在智力、判断力和决策执行这些综合素质方面，存在着巨大的差异。

要知道世界上没有任何一种办法，能够消除人和人之间的天赋和能力的差异。这种能力的差异在经济自由竞争的背景下，必定会体现在生产力和生产效率上。最终的结果就是，钱会不断向有能力的人聚集。这也是贫富差距在经济发展中不断扩大的原因，只能延缓，不能解决。

想要强行消除这种差异，就意味着国家需要介入干预。如果国家不介入干预，社会显然不会出现强者给弱者提供"免费午餐"的可能。因为从人性的角度看，大家都不是圣人，触动利益是一件比触动灵魂还要困难的事。

既然不存在让有能力的强者自愿为弱者提供免费午餐的可能，自然也就没办法从根本上解决贫富差距扩大的问题。所以最终市场和经济自由调节的结果，一定是强者切走的蛋糕越来越多，弱者得到的蛋糕越来越少。整个社会随着经济发展的贫富分化也会越来越大，巨头垄断也会慢慢形成。

国家为什么要干预

自然界的竞争法则，是物竞天择和适者生存。动物如果活不下去，可以直接去死。但人类社会不是这样，因为人不像动物会选择默默等死，而是会选择反抗。这个道理就像大家同在一条船上，富人坐头等舱，穷人买得起站票。虽然站着的人不太舒服，但好歹也享受到了大船的红利。后面贫富分化越来越严重，坐头等舱的富人依然在头等舱，大量穷人却因连站票都买不起，要被踢下船了。那么这些将被踢下船的人，不会傻等被踢下船然后被水淹死，而是会合力凿沉大船，让大家同归一尽，这就是我们前面所说的王朝周期律。

所以国家出手干预，通过各种方式从富人那边拿钱，做转移支付补贴穷人，就成了维持社会稳定的必然。不过因为人性的自利性，多数经济学家一直不看好减缓贫富分化这件事。他们常说的一个理由是，这种国家人为干预违背了市场原则，非常影响经济效率。

学过经济学的应该都知道，经济学家曼昆的《经济学原理》开篇就讲了，最低工资对于经济发展是非常不利的。然而这些经济学家没考虑到的一点是每个国家发展到一定阶段，通过国家干预的手段减缓贫富分化，通过转移支付的方式补贴穷人，是必须做的事情。不然放任贫富分化无限扩大，就会造成社会撕裂和动荡。

如果只要效率，不要公平，选择社会达尔文主义的物竞天择适者生存的规则，效率一定是最高的。然而这样做的结果，一定是社会因为剧烈的贫富分化，迅速陷入王朝周期律里的那种崩溃循环。这时候整个社会都得推倒重来。社会达尔文主义的高效率，一定就导致最后的没效率。

而且经历了自由竞争导致的剧烈社会贫富分化以及后面引发的大萧条和"二战"之后，西方国家发现，国家想办法减缓贫富分化，给底层注入购买力最大的好处就是能创造一个巨大的内需市场。因为老百姓只有在有钱的情况下才能消费，没有市场需求，企业生产出来东西也卖不出去。

消费人群越大的情况下，需求才会越大。最终才能产生规模效应，进一步分摊成本、降低价格。企业有了规模效应不但成本降低了，还能赚到更多的钱，这些钱可以拿去搞研发和进行技术升级，从而实现良性循环。这一切发展的基础都是有足够的需求，也就是由所谓的购买力来驱动。

我们国家通过扶贫和转移支付的方式，不断给低收入人群注入购买力，提高他们的收入水平。这本质上也是在提振内需，为庞大的产能提供更大的市场，这样经济才能循环起来。

西方的贫富分化和金融危机

大萧条前后的美国，基本经历了从自由竞争时代的残酷剥削，到罗斯福时代国家干预创造庞大的中产群体，再到里根时代榨干中产这个完整的过程。

自由竞争时代的资本家，剥削起工人来残酷无比。这种背景下资本家是赚到钱了，但国内的老百姓非常穷，所以根本买不起国内生产的东西。这就导致工业品生产出来国内老百姓买不起，只能出口到国外。不过资本主义国家对外扩张，也是有尽头的，因为地球就那么大。等全世界的外部市场都开拓完了，资本主义国家生产的天量工业品自然也就卖不出去了。之所以爆发第一次世界大战，就是因为当时主要工业国都出现了生产过剩，需要打仗争夺殖民地和外部市场了。

"一战"之后是咆哮的20年代，美国人在"一战"期间靠做战争贩子赚取了大量的利润，世界的消费中心也转移到了美国。不过美国人在咆哮的20年代，一直还执行古典自由主义那套。政府对经济不做任何干预，马太效应越来越强。这导致整个20年代，美国社会在自由竞争的环境下，贫富分化程度越来越高。

在这种因为贫富分化、导致底层的消费和购买力不足的情况下，美国人想到的不是怎么通过分配调节贫富差距，增加底层购买力，而是通过金融创新手段，以贷款和分期付款的方式，让老百姓贷款透支，借未来的钱支撑消费。借来的钱终归是要还的，普通人一开始还能还得上本金，后面却只能还得上利息。最后连利息也还不上了，游戏也就玩不下去了。

更大的问题出现在美股市场，咆哮的20年代道琼斯指数涨了5倍。巨大的财富效应不断吸引老百姓加码投资股市。很多人不光借钱分期付款买东西，还借钱贷款炒股票。大萧条之前的美股泡沫时期，老百姓虽然也没钱，但是敢花钱。因为当时美股的财富效应还在，老百姓可以通过分期付款透支支撑一拨消费。后面泡沫彻底破了，财富效应也就没了，老百姓手里更没钱了，于是消费市场随之崩塌。

1929年在美联储的加息效应下，美股泡沫终于破灭了，老百姓的口袋里也彻底没钱了。大家都买不起东西的结果就是：美股暴跌引发了世界历史上最严重的经济危机，也就是1929年的大萧条。

西方应对的措施

大萧条以后过剩产能没法消化，大家只能自己顾自己。西方几个主要工业国采取了不同的办法来应对萧条。

英国采取的是竖起贸易壁垒，在自己的殖民地搞起了内循环。美国同样竖起了贸易壁垒，开始对进口产品征收高额关税。德国这种出口导向型国家彻底完蛋了，只能走上法西斯的道路。

大萧条之前的德国，作为第一次世界大战的战败国，战争结束就已经欠了一屁股债。虽然工厂设施没有遭到破坏，但是因为国家太穷，买原料的钱都没有，工厂也就无法开工。工厂没法开工,也就不可能给工人发工资。工人手里没钱,也就买不起东西没法消费。生产、消费和再生产的经济链条就带动不起来,整个国家经济也就陷入了恶性循环。

这时候美国人来了,美国人在"一战"时期通过出口物资赚到了大量的利润。虽然手握大量资本,却因为贫富分化和产能过剩问题,导致内部有效需求不足,没办法把这些资本投出去赚钱。现在德国那边对资金有需求,可以说双方一拍即合,于是美国人通过贷款的方式投资了德国。

德国政府拿到贷款以后,有钱买原料了。工厂可以重新开工,工人也能拿到工资了。生产出来的产品大部分出口到英美这些国家,少部分留在国内消费,经济重新运转起来。

这里我们可以看出,维持当时德国经济运转的,是大量廉价商品出口到海外创汇带回的利润。因为"一战"之后德国普通人实在太穷,开始的时候根本买不起这些工业品。

1929年突如其来的大萧条,打破了之前的循环。美国那边不但因为老百姓破产购买力没了,还竖起了贸易壁垒,开始征收高额关税。英国人也搞起了殖民地内部的经济内循环。德国人的东西卖不出去,经济自然陷入了崩溃,老百姓开始大规模失业,整个社会也开始陷入困境。这时候希特勒想出了办法,就是让国内的过剩产能转型生产军工产品。首先是扩大军队,以大量征兵让年轻人入伍的方式来降低失业率。扩军在当时也不奇怪,所有国家都在扩军。不过多了这么多兵员,自然需要更多的军备。之后希特勒通过国家大量发行国债借贷,让军队拿这些钱向企业订货，生产军备产品，这样德国国内的过剩产能就利用起来了。

然而一大堆军备怎么消耗和变现就成了大难题。这些东西既不能给普通人吃和用，也不能卖给别人维持国家经济运转，更不能给资本家还债。借债买来的军备如果不打仗，就是一堆完全没法消耗的废铁。因为扩军吸收就业总有饱和的一天，借来的债务也总有要还的那一天。这时候为避免国家破产，对外发动战争消耗军备就成了必然。

德国想到消灭过剩产能的办法，是靠借债扩军和制造军备产品创造就业。作为大萧条的始作俑者，美国则选择了完全不同的路。因为美国和德国最大的不同，是德国穷，美国则在一战中攫取了巨额的利润。虽然国内财富分布不均，贫富差距很大，但整个国家的资产负债表还是很健康的，有挪腾的余地。

美国先是开始出手大规模拆分垄断巨头，降低贫富分化，开始搞自我革命。被拆分掉的垄断企业里，最典型的就是洛克菲勒旗下的垄断企业标准石油。这家公司被罗斯福出手拆分，变成了几个公司。石油大王洛克菲勒最恨的人也是美国总统罗斯福，他常挂在嘴边的一句话就是："上帝啊，我们纳税人真是瞎了眼，竟然把这么一个混混送进了白宫。"以前我总说未来大家会看到下次经济危机之后，世界各国都会出手拆分垄断互联网巨头。这个道理其实和当年罗斯福拆分标准石油一个道理，不过是历史重现罢了。

后续因为资产负债表相对健康美国人通过政府借钱发展基建和转移支付的方式，吸收过剩产能和扩大就业。与此同时，罗斯福新政还通过国家干预的方式，对富人收重税调整收入结构。通过以工代赈等各种转移支付方式，降低贫富分化程度，给底层注入购买力。当时罗斯福对富人们说过一句很经典的话："我拿掉的是你们身上的一块肉，为的是不让外面穷人要你们的命。"

罗斯福新政本身并没有解决贫富分化问题，只是通过凯恩斯主义，不断做转移支付缓解矛盾，把问题往后拖。后面德国、日本这些国家经济濒临崩溃，熬不住只能发动"二战"。

之前大量的全球过剩产能在战争中被摧毁，然而战争带来的物资需求无比庞大。海量订单和利润不断从欧洲和东亚战场涌入美国，之前全球过剩的产能一下子不过剩了。

美国人当时能这么做，是因为他们拥有世界上最厉害的资产负债表，可以耗得起。"一战"之后，世界上大多数财富都通过战争订单的方式，从欧洲转移到了美国，美国才能通过转移支付拖时间。凯恩斯主义的核心是拖延。拖到别人顶不住发动战争，全球部分产能因为战争被摧毁，生产过剩的问题就解决了。

大萧条期间美国的成功经验，使得凯恩斯主义被确立为西方经济学的核心思想。在现代经济体系中，人们希望的是通过一种新的理论体系实现改革，来维系原有的经济模式。毕竟对既得利益者来说，推倒重来是对他们最不利的选择，大洗牌会导致他们丧失原有的优势地位。他们允许在现有的基础上，为保持自身领先地位做出适当的让步和改革，但绝对不愿意看到推倒重来这种事情发生。

历史问题一直在不断积累，从来没有真正解决。这也造成了贫富分化越来越严重，底层负担越来越重，富人利益越来越多。最终的结果是，遇到危机就靠量化宽松政策拖延。按照凯恩斯的思路，央行在危机中不断推出各种货币宽松政策，试图拉动社会总需求回升。通过宽松的货币政策，一次次把金融危机的代价分摊到每个个体。然而每次在泡沫阶段获得高额收益的富人群体，并没有在危机中承担义务。最终的结果是底层群体成为受害者，而且在货币政策的马太效应下，贫富差距日渐增大。

历史上的经济脉络

世界主要资本主义国家刚进入工业化的时候，工人只有极低的工资，一天还要工作16个小时，根本没有钱消费自己生产出来的工业品。这些国家生产出来工业品，只能卖到海外市场去。如果把全球看成一个整体，这个市场终究有一天会出现饱和，生产相对过剩的问题也就来了。为争夺殖民地和外部市场，"一战"和"二战"爆发。"二战"的时候苏联出现，社会主义制度成为当时穷苦工人和西方知识分子心中的灯塔。很多西方知识分子非常向往苏联，很多人甚至为了心中的理想，义务为苏联工作。

大萧条期间美国老百姓因为日子太难过，甚至出现了国民大量移民苏联的状况。为了和苏联抗衡，比拼制度的优越性，防止被和平演变，以美国为首的西方国家在"二战"以后也进行自我调整，主动出台各种社会福利和劳动保护政策，通过对富人征收重税、转移支付的方式，在国内培育了一个庞大的中产阶级群体。

美国等西方国家之所以这么做，有两个重要的原因：大萧条期间各国都竖起贸易壁垒，不开放自己的市场，以及"二战"以后苏联的出现。这两件事使得老牌西方国家纷纷认识到，提高工人待遇，开发内需市场成了维持社会经济稳定的必要因素。

马克思说过一段话，是用来描述经济危机产生原因的，可以说非常经典："一切真正危机的最根本原因，总是不外乎群众的贫困和他们有限的消费。资本主义生产却不顾这种情况，而力图发展生产力。好像只有社会的绝对消费能力，才是生产力发展的界限。""二战"后资本主义国家为缓解这一现象，采取的措施是建立福利国家制度，保持对富人高税收，不断做转移支付，在国内建立一个庞大的中产消费群体。这个阶段是美国中产最幸福的阶段，一人工作可以养全家，大政府高福利是这个阶段美国的特点。西方的工业品不光能卖到海外了，国内老百姓也消费得起了，内循环和外循环也都顺畅了。

这种状况一直持续到里根上台。里根重推新自由主义，开始压榨国内的中产阶级，给富人们减税。因为随着苏联的解体，西方需要比拼制度优势的外部压力也没有了。所以世界主要资本主义国家都开始对中产阶级下手，把"二战"以后给中产阶级的各种转移支付和福利，通过消费主义和教育医疗等各种手段拿回来。消费主义由此诞生。

里根时代之后的中产阶级的负担越来越重，于是也越来越穷。在1971—2015年的40多年间，美国中产阶级的空心化一直在稳步推进。生活在中等收入家庭的美国人的比例从1971年的61%降至2015年的49.4%。美国汽车厂的工人，在2007年还有28美元一小时的收入，但在今天，竟然只有15美元。这也导致了中产阶级的购买力越来越差，贫富分化也越来越大。

要知道解决不了贫富差距和分配问题，就不能带来有效的需求回升。钱都集中在富人手里，自然消费需求不足。数据有多好看，中产阶级和底层人民就有多难过。于是现在又回到了分界点。美国的社会贫富差距又回到了1929年那个历史最高点的位置。

目前美国最富有的50个人的财富，比美国最贫困的1.65亿人的财富总和还要多得多。整个社会贫富差距过大，会带来私人消费不足，整个社会的总需求增长停滞。后面一旦美股泡沫破灭，所有的问题都会浮出水面。以前借的债务利息可能还不上了，借新还旧的游戏也玩不下去了。一旦借新还旧停止，前期所有庞大的债务都会要求兑现，债务负担会进一步压缩有效需求。需求停滞以后，紧接着就是经济开始逐渐失速，最终步入萧条。

资本投资从事生产的最终目的，是赚更多的钱。消费需求不足导致资本失去利润来源的时候，资本就会停下来。订单数量不足，不光会让资本选择停止投资，还会选择裁掉多余的员工。贫富差距过大本来就导致需求不足，裁员带来的收入减少会进一步加剧需求不足，最终经济更会走向死循环。

危机的产生

每次发生经济危机,只会让穷人更倒霉,富人更有钱。贫富差距也在这个过程中不断拉大。很多人可能会奇怪,经济危机难道不是大家日子都不好过吗?其实每次经济危机的时候,穷人总是最遭殃的倒霉蛋,而且危机发生过后,多数穷人甚至会更穷,富人甚至会更富,整个社会的贫富差距会被进一步拉大,最终系统会走向崩溃。

最典型的就是2008年金融危机以后,美联储大放水拯救经济,把问题向后拖延。金融危机期间大量的中产阶级和穷人,由于失业还不起贷款,失去了自己的房子,他们很难再买回这些房子。富人们却拿到了银行的贷款和金融支持,抄底大量资产。因为富人购买了大量资产,也在后面的美联储放水推升资产价格中赚得盆满钵满。

这一轮疫情之后的全球央行大放水,其实本质上道理也一样。现在是经济转萧条之前的复苏和繁荣。伴随着经济复苏,会出现一次巨大的资产价格泡沫。这源于货币大放水带来经济复苏以后,货币流通速度恢复的乘数效应。最终带来的结果是,一旦疫情缓解,核心资产价格会继续上升。

原因也很简单,疫情期间全球大放水,2020年这一年美联储印的钱相当于过去100年总数的21%。这些钱多数都被拿来炒房炒地炒股票,以对抗印钞带来的货币购买力的损失。因此物价也会越来越高。

疫情期间为支持经济，全世界主要央行都放出了大量的货币。现在大家之所以看不到效果，是因为经济停滞期间货币流通速度放缓。也就是这些货币因为疫情，流动性凝滞了。货币流通速度起不来，抵消了放水的效果。

以前美联储也大放水过，为什么那时候通货膨胀就没起来呢？其实因为这次多了大规模财政刺激。以前单纯货币刺激的时候，钱会流到富人手里。富人会拿这些钱买房买地买资产，而不是去消费。现在财政刺激的背景是，疫情期间大量美国人失业，这些失业者拿到这笔钱不可能去投资，大部分要拿来消费。

只有把钱拿来消费，才能刺激货币流转，这时候货币流通速度也才能起来。这次由于推行了大规模的财政刺激，大量货币都进入了流通领域。

随着经济复苏，货币流通速度逐渐恢复，加上之前放出天量货币，再叠加上货币流通速度加快，会带来史诗级的泡沫。我们看到美股屡创新高，就是这个汹涌的乘数效应带来的。货币效应也体现在股市上。后面这些海量的货币大概率会向大宗商品继续溢出，撑起巨大的泡沫。

当然了，是泡沫就一定会破。这次是长短周期末期的叠加，泡沫破灭也不过是痛苦的开始。各国央行经历了疫情期间的大放水，政策工具已经基本用尽。全社会贫富分化程度更加严重。接下来泡沫破灭以后，走向萧条是毫无疑问的。现在唯一的问题是，萧条会持续多久，会不会引发动荡甚至更严重的问题。

每次经济危机都是穷人的困境、有钱人的机会。因为这时候穷人通常会失业，富人会从银行拿到更多的钱买资产。在这个过程中，我们会看到贫富分化进一步被拉大，社会进一步被撕裂。资产价格上涨是一种货币现象，而美国庞大的货币和财政刺激效应叠加最终会把资产价格推到一个骇人听闻的高度，美股也会一再创新高。在利率没有回升、货币没有收紧之前，资产价格的狂欢依然还会继续。后面一旦通货膨胀起来，美联储开始被迫加息，人们就要面对泡沫的破裂。

以前大家总觉得过去那么多年大放水，通货膨胀也起不来，这次显然不一样。大印钞的结果，自然就是全球通货膨胀和资产价格的上涨。这是债务人的胜利和狂欢，因为对居民和企业来说，资产负债率＝总负债／总资产。资产价格的上涨会明显降低债务人的资产负债率，实现我们之前没有完成的去杠杆任务。

所以这轮周期里，首先会看到债券价格上涨，接着是权益类资产价格上涨，然后是大宗商品和地产价格上涨，最后是食品和消费品价格的上涨。消费品尤其是食品的价格上涨是各国所不能承受的，底层吃不起饭是要出事情的，所以后面央行不得不开始加息。

不过也不要太担心，如果后面真的资产价格泡沫破裂，经济步入萧条，我们国内还是有优势的。一方面是中国没有跟着西方大放水，不管是政策还是利率工具都保留了弹药，不像欧元、美元利率已经基本为零。这份弹药在萧条期间尤其有用，萧条期间大家考虑的是避险，在避险需求带来的财富重新配置效应下，大量资金都会涌向中国配置资产。资产泡沫破灭以后，热钱会选择来到中国。

另一方面，由于最先控制疫情，我们强化了自己在世界制造业产业链中的核心地位。各国原本的产业结构被打散，大家不约而同地强化了和中国供应商的联系，把中国推到了供应链的核心位置。因为很多国家疫情蔓延之后，完全没有办法组织大规模生产。疫情控制不住的情况下开始组织大规模生产，将会出现更大规模的感染。

这意味着我们之前一直担心的产业转移，会在未来的萧条期得到缓解。因为从世界范围看，全球产能是过剩的。未来萧条本身是个出清的过程，各国相应的产业本身因为疫情停产，已经出现了严重亏损，后面连订单和规模优势也在丧失，萧条期还拿什么和中国的制造业竞争？

当然在资产价格泡沫破灭之前，在全球范围内，我们都会看到一轮资产价格的上涨。不过本次资产价格破灭以后，债务危机会引发远超2008年的金融危机，随后延伸到全球金融危机和大萧条。

金融中潜藏的雷区

可能很多人没有注意，有一段时间全球金融行业发生了一件大事件，就是美国人放松了沃尔克规则监管。

为什么说这个改革是大事件呢？因为放松监管让商业银行搞混业[1]从来都是金融界里最大的雷。混业经营以后，很多大银行的自营交易为获得更多利润，会在表内表外加杠杆赌方向放大风险。这种偷摸操作，会把银行本来无风险的储户存款变成自己交易风险的一部分。赌对方向赚到钱的时候，金融从业者可以获得高额奖金和报酬，自己还没什么风险。赌错方向出现大规模亏损，甚至可能会破产时，金融从业者自己依然没什么风险。如果亏损了，公众也会跟着倒霉。2008年那次震惊世界的全球金融危机，很大程度上就是这么搞出来的。2010年全球金融危机过去之后，美国通过沃尔克规则加强对混业的监管，也是出于这个原因。

---

[1] 混业：指混业经营，是商业银行及其他金融企业以科学的组织方式在货币和资本市场进行多业务、多品种、多方式的交叉经营和服务的总称。

这里可能很多人并不知道沃尔克规则是个什么东西。沃尔克规则是2008年金融危机之后问世的监管政策,也是2010年美国最强的金融监管法《多德-弗兰克法案》的一部分。放松沃尔克规则之后,可以说金融危机之后排除的雷区,现在又要回来了。要知道之前美国金融混业监管的放松和收紧,和历史上几次大危机息息相关。

本章我们着重讲讲商业银行混业的来龙去脉,还有未来可能会带来的影响。

混业监管收紧

如果你熟读近代史和经济史,回头看会发现几乎每次把戏都差不多。每次监管放松几年后,伴随的一定是金融业的狂欢和随之而来的大危机。紧接着就是严厉的监管收紧,这个动作循环往复,周而复始。

大家都知道1929 — 1933年美国发生了大萧条,带动全球经济步入寒冬。大萧条的产生,本质上和20世纪20年代美国政府对自由主义的过度放任息息相关。在大萧条之前,美国的贫富分化达到极致。大企业和垄断组织的市场占有率在20年代不断提高,利润迭创新高的同时,小企业变得越来越难赚钱,大家纷纷抱怨生意难做。所以很多社会资本不再把手里的钱投入实业再生产,而是进入股票市场投机。

股市的上涨让投机氛围愈演愈烈,商人们不再满足于生产和销售，中产阶级、家庭主妇也看不上工作赚的钱。大家都投身股市变身股民，沉醉在股票交易所里人为创造纸上财富，只要有一点闲钱，就会全部投入股市。当时最流行的是杠杆交易，只要支付10%的保证金就会有经纪人垫付余额让你用10倍杠杆投资。很多人加了杠杆以后，梦想着坐在家里就能成为富人。

银行的疯狂这时候也达到了极致，它们组成"担保成员机构"，用储户的资金大肆在市场上投资推高股价。除了自己下场炒股，银行也借钱给股民炒。银行用5%的利率从美联储借来资金，倒手用12%的利率借给股票经纪人，经纪人再用20%的利率放贷给投机者。向股民放贷成了银行最赚钱的生意，1929年夏末放贷利率已经高达20%。看起来很好笑吧，很多人不知道，人类历史上任何一次大牛市，"配资①"加杠杆从来没有缺席过。股票泡沫和消费信贷债务同时都在膨胀，哪一天消费信贷缩减或者资产泡沫被刺破了，一切就都熄火了。

纸币时代以来，泡沫的破灭从来都和加息密切相关，只是人们在狂热的时候从来没有在意这个举动。大萧条之前也不例外，其实从1928年美联储开始加息就已经发出了信号。当时美联储对股市过度投机表示了关切，决定用加息的方式遏制信贷膨胀。1929年10月24日是泡沫破灭的日子，不管是长期贷款还是短期贷款利率都在这个月达到了高峰。

---

① 配资是一个经济学术语，指配资公司在个人原有资金的基础上按照一定比例给其资金供其使用。

美国股市也在这个月低下了高贵的头,道琼斯指数直接崩了,紧接着就是后面那次举世闻名的大萧条。说起来美国1929年大萧条其实都是自己作出来的,金融创新在其中也起到了推波助澜的作用。因为实体经济产能过剩,所以要促进消费。银行借钱给消费者做贷款分期,提高了虚假消费。企业一看订单充足,开始扩大本来就过剩的产能。产销两旺,股价高涨,一片虚假繁荣的景象。贫富分化到极致使得这些做分期贷款的穷人禁不起一点风吹草动。加息以后很多人还不上分期贷款,前面的循环被打破,泡沫破裂。接着就是订单消失,股价暴跌,企业倒闭,失业潮也来了。透支未来终究是要还的,只要未来够长就不可能不出事。一旦出事就没办法继续透支,整个链条就会产生连锁反应。大型经济危机随之而来,只不过那时候管这种现象叫大萧条。

1933年3月,罗斯福入主白宫的那天,美国的股市和银行体系已经彻底崩溃。总统上台的第一道政令就是关闭所有银行和交易所,并要求国家货币委员会调查华尔街在大萧条里面搞了什么名堂。调查结果发现:从20世纪早期开始,商业银行在证券市场深度参与投机是导致1929市场崩溃的重要原因。

1933年6月,罗斯福签发了《格拉斯-斯蒂格尔法案》,把投资银行业务(承销和发行证券)和商业银行业务(吸储和贷款)严格划分开,禁止商业银行包销和经营公司证券,只能购买美联储批准的债券,保证商业银行避免证券业的风险。《格拉斯-斯蒂格尔法案》标志着美国金融业形成了银行、证券分业经营的新模式。投资银行,也就是大家常说的投行。这个之前从来没有的模式，就是在新法案加强监管的背景下被创造出来的。

混业监管废除

由于银行深度参与股市投机，大量商业银行在大萧条中受到股灾严重波及而倒闭。大萧条期间有一万多家美国银行的营运出现了问题，占当时所有银行数量的三分之一，很多储户的存款血本无归。混业经营之后，银行身兼商业银行吸收储户存款和投资银行从资本市场获利两个角色。

商业银行作为储户资产的保护者，投资银行作为资本市场投资的受益者，这两者之间的利益冲突在混业经营当中体现得尤其尖锐。大多数商业银行避免不了拿储户的存款去股市投机博取利润的赌博心态，反正赌赢了自己赚钱，赌输了储户亏损。大家的钱存在银行平白无故被银行亏完了，市民们难免上街闹事，这严重影响了社会稳定。

罗斯福签发《格拉斯－斯蒂格尔法案》的背景就是抑制商业银行投机，提高储户存款在商业银行的安全性。该法案从几个方面把银行和证券业务做了切割：禁止商业银行从事证券承销和交易；禁止商业银行与证券机构建立关联关系；禁止这两类机构建立人员联销关系；禁止证券公司成为银行的关联机构，并且要求收到联邦保险的银行严格划分投行业务。从此以后，商业银行不再能使用客户资金从事高风险的证券投资业务。从某种意义上说，商业银行的经营风险从此大大降低。

不过《格拉斯-斯蒂格尔法案》也带来了明显的负面作用，由于商业银行被严格限制，导致了收益回报率过低。这导致储蓄率本来就低的美国人更不愿意把钱存在银行里面，而是进行一些其他中度风险的投资。商业银行在后面的60年里日子非常难过，投资业务全靠货币基金这种东西勉强维持。一直过苦日子的商业银行肯定不甘心，所以从1988年起商业银行就开始花大价钱游说政府，不断努力尝试废除这部《格拉斯-斯蒂格尔法案》。

商业银行尝试通过游说里根政府废除这部监管法案。虽然这次游说没有成功，不过商业银行找到了突破口，多项银行监管法令被废除。里根签署了《加恩圣杰曼法案》，使得美国银行业监管逐步放松，悄悄回归混业经营。这次放松直接导致了美国20世纪80年代的储贷危机，银行业也迎来了倒闭潮。

经过里根政府的铺垫，1991年老布什政府推出了监管改革绿皮书，进一步放松金融监管。1998年，花旗银行和旅行者集团合并，银行正式开始从分业步入混业，《格拉斯-斯蒂格尔法案》名存实亡。

1999年11月，时任克林顿政府财政部长的鲁宾和美联储主席格林斯潘一起向国会建议："永久剥夺美国商品期货交易委员会对金融衍生产品市场的监管权力。"国会居然通过了这个建议，1933年制定的《格拉斯-斯蒂格尔法案》在存续了60多年以后，就这么被废除了。美国的《金融服务现代化法案》就此诞生。

新法案的宣布意味着美国金融业在1933年从混业走向分业以后，从1999年又开始从分业走向混业。当年被拿掉的混业经营那颗地雷，又被克林顿政府原封不动地拿回来了。

其实美国的高层对开出这个口子会带来什么结果，根本就心知肚明。克林顿时期的劳工部长赖克就曾经说过：一旦《格拉斯-斯蒂格尔法案》被推翻，华尔街的赌徒们就会通过投资银行入侵商业银行和居民存款。

次贷危机

克林顿卸任之后，2000年小布什开始担任美国总统。这位小布什，也就是1991年推动监管改革绿皮书的那位老布什总统的儿子。

小布什任内除去打击伊拉克，最大的成就是推动了提升美国人的住房自有化运动。这次住房自有化运动的结果之一，就是在前任克林顿废除混业监管的配合下，引发了2008年那次震惊世界的次贷危机，全世界都受到这次全球金融危机的波及，直到现在都还没恢复过来。

次贷危机的起源是一种叫作CDO的资产抵押债券，背景就是小布什任内提升美国住房自有率运动。从2001年小布什任内开始，美国楼市开始蓬勃发展，来自亚洲和拉美的新移民疯狂涌入美国。伴随着美国政府鼓励国民提升住房自有率，大家纷纷买房，房价水涨船高。当时的美国因为房价上涨带来的财富效应，到处都在抢房。不光是新移民，美国很多土著也在琢磨怎么投资房产跑赢通货膨胀。在赚钱效应驱使下，大量的热钱开始进入这个市场，加速推高了房价水平。

经历了几年地产牛市以后，从2003年开始，地产商和金融机构发现，资质优良的的贷款客户消耗光了。毕竟一个国家再发达，高收入群体也是有限的，合格的贷款主体也就那么多。他们都买得差不多了，合格的贷款主体就没有了。

要知道放贷这件事说起来容易，做起来真挺难，难在没有足够的合格贷款人。好的贷款人不仅手里有钱付得起首付，还得有现金流还得起月供。没有合格贷款人怎么办呢？华尔街自己创造，把低收入人群包装成合格贷款人不就好了。

恰好2001年互联网泡沫破灭以后，美联储把利率降到了史无前例的低位。银行趁势在低利率的环境下开发了一种针对低收入人群买房的金融产品，也就是我们常说的次级贷。

在国内买过房贷过款的人都知道，你想贷款买房首先需要足够的首付，多数是二三成起步。这是房价下跌时金融机构的安全垫。其次，还得审核你的还款能力。一般来说，银行的要求是你的收入至少是房贷的两倍。搞这么复杂是怕你贷款以后因为房价下跌不还房贷，或者现金流不够还不起，从而给银行带来风险。

次级贷就厉害了，先是推出可调节利率贷款帮低收入人群降低每月还款额（允许借款人前两年只付很低的利息而且不还本金），还推出了零首付零文件贷款。可调节利率贷款前两年执行超低利率，使得借款人月供还贷负担远低于正常贷款。眼前的低利率让一些中低收入者纷纷入市买房，埋下了几年之后月供上升无力还款的炸弹。

零首付零文件贷款，使得借款人可以在完全没钱的情况下购房。条件是仅仅需要自己申报一下收入，根本无须提供任何有关偿还能力的证明，如工资条、税单。2008年金融危机前，那些银行信贷经理劝你买房的姿势是这样的：

"担心两年后还是还不起？"

"哎呀，你也真是太小心了，看看现在的房子比两年前涨了多少，到时候你转手卖给别人啊，不仅白住两年，还可能赚一笔呢！"

"再说了，又不用你出钱，我都相信你一定行的，难道我敢贷，你还不敢借？"

次级贷一推出，想象力的大门打开了，次级贷创造了完美的新贷款主体。在资质不错的贷款人消耗殆尽以后，大量的次级贷款流向了低收入群体，不管资质多差的客户都能贷款买房。市场供需开始失衡，房价开始加速上升。房价天天涨，自然有更多人开始关注房价。可以看出，自2002年起，美国房价的上涨速率在次级贷推出以后加速了。

因为房价持续上涨，当时所有人心里都有一个念头，买房是一桩稳赚不赔的买卖，而且要加杠杆多买。而且当时因为贷款人可以把贷款买的房子的升值部分再抵押贷款，也就是我们常说的二次抵押贷款。

大家不是都觉得房价还会再涨嘛，就把升值部分抵押出来做首付，再通过银行贷款加杠杆炒房。一旦房价开始回落或者大批买房者月供跟不上，这种杠杆加杠杆的操作方式就会变成"杠上开花"。

那时候监管机构都在干什么呢？时任美联储主席的格林斯潘从2001年互联网泡沫以后就开始不断放松货币政策和金融监管，还非常配合地表达了"我认为我们没有必要单纯为了监管而监管"的志愿，这为之后的次贷危机埋下了伏笔。

要知道之前《格拉斯-斯蒂格尔法案》能被废除，也要归功于时任克林顿政府美联储主席的格林斯潘和财长鲁宾的强力推动。你看，每次危机的起因都是货币政策和金融监管双放松，但人类在不断重复这个过程。

混业放松之后

那么2008年次贷危机中投资银行和商业银行混业以后到底通过CDO干了什么呢？小布什上任以后推行住房自有运动，大家不断买房就要不断贷款。正好当时的货币政策也配合，2001年科技股泡沫破灭之后，美联储大幅度降息以拯救经济。

我们说每次央行大印钞以后，资金都会选择让自己利润最大化的渠道，通常不是楼市就是股市。科技股泡沫破灭之后，美联储释放的这批资金被创造以后没有再回归股市，而是流向房地产市场，刺激了美国地产泡沫的出现。《格拉斯-斯蒂格尔法案》的废除更是让金融业丧失了监管，混业以后肆无忌惮地吹大泡沫。和商业银行结合以后，投资银行发现商业银行手里有很多贷款，商业银行这部分贷款的收益来自房贷每个月的还本付息。为了赚更多的钱，投资银行帮助商业银行把这些贷款打包成CDO债券，然后给他们评级。还款能力强的就是AAA级，然后是BBB级，还款能力最弱的就是垃圾级。AAA级收益差，但是稳定。垃圾级债券收益高，但是不稳定。因为CDO的主要收益来源就是房主还贷，一般垃圾级债券贷款房主的收入都不太稳定。不过因为那几年美国房价年年涨，大家的想法是如果贷款人还不了钱，银行就把房主的房子卖出去也不会亏。

银行给房产投资者放贷，投行再把贷款做成CDO产品卖给市面上的理财投资者。投行卖掉CDO产品以后，钱又可以回到银行继续放贷，这真是个完美闭环。因为这拨操作，在这几年房价上涨的日子里商业银行和投行赚了很多钱，投资者也获得了收益。后面因为CDO的买家越来越多，所以银行需要更多的房贷做成CDO卖出去赚钱，但是合格贷款人不够了。所以美国银行就发明了次级贷款，进一步放松贷款。无须收入证明，无须资金流水，即使需要证明也可以伪造，贷款过程极其轻松。甚至有些人身上根本没多少钱就利用高杠杆买了五六套房子，房价泡沫由此产生。华尔街拿到次级贷款以后通过评级机构包装，继续做成AAA级的债券。

因为房价不断上涨，这种次贷债券的净值也在不断上涨，整个华尔街的投资者、政府、银行都在买这种CDO债务。到了2007年年初，美联储因为通货膨胀持续加息，次级贷款利息过了优惠期也开始升高了。很多人开始还不上贷款，市面上的房子越来越多，楼市泡沫终于被刺破了。跌幅厉害的地方，有些人的房子背着50万元的贷款，只剩下10万元的价值。大家毅然选择断供，银行回收的房子越来越多，市场上囤积了好多房子卖不出去。这时候CDO的价值自然也是大跌，骨牌效应来了，连锁反应就是各种华尔街大公司和政府持有的CDO大幅贬值。

很多银行和基金公司因为这个倒闭了，这里面就有我们熟悉的雷曼兄弟。雷曼倒闭以后，大家都开始恐慌了，没人肯在市场上借给别人一分钱。连通用这样的制造业巨头，都没有办法从金融市场获得资金维持公司周转。美国政府没办法，只能出手相助，大幅降息和量化宽松以增加市场流动性，大家熟悉的量化宽松政策就是从那个时候开始的。后面美国政府还不得不给一些大公司注入资金维持运转以免倒闭，最后才顺利解决问题。

这也是为什么在《格拉斯－斯蒂格尔法案》废除10年之后，很多人提出克林顿政府重开混业大门是导致2008年全球金融危机的元凶。

1999年监管法案被克林顿废除之后，包括花旗银行和摩根大通在内的这些商业银行大肆涉足投资银行业务。单单在2005—2007年，花旗银行一手发行的CDO产品就超过1200亿美元，自己还持有数百亿美元的CDO。危机中花旗银行仅仅在CDO产品上的损失就超过250亿美元，商业银行和投资银行混业使得它们成为大而不能倒的金融中枢。危机让900万人失去工作，失业率飙升至10%，数百万人看着自己的毕生积蓄蒸发殆尽。混业以后，这些机构为了攫取利润不断吹大泡沫，最终引发了美国房产市场的崩盘和全球金融危机。克林顿政府重开混业大门和监管的缺失，是大而不能倒机构产生的主要原因。

危机后的混业收紧与回归

这次金融危机发生以后，美国政府的精英们又开始反思混业经营的坏处了。2009年12月，共和党大佬麦凯恩和民主党参议员坎特韦尔建议重塑《格拉斯-斯蒂格尔法案》。基本思路是考虑分离商业银行和投资银行，让金融业重归分业监管的模式，《多德-弗兰克法案》法案就是在这个背景下产生的。《多德-弗兰克法案》全称是《多德-弗兰克华尔街改革和消费者保护法案》。法案的核心内容有三点：

首先是扩大监管机构权力，破解金融机构"大而不能倒"的困局。同时限制了金融业高管的薪酬，允许分拆陷入困局的大而不能倒金融机构和禁止使用纳税人资金救市。其次是设立消费者金融保护局，扩大监管机构的权力，保护消费者合法权益。最后也是最关键的一点是"沃尔克规则"。通过限制金融机构的自营和投机交易，限制大型金融机构的衍生品交易，防范金融风险。

奥巴马在2010年签署了《多德-弗兰克法案》，该法案被认为是"大萧条"以来最全面、最严厉的金融改革法案。颁布新法案的目的是避免2008年的金融危机再度上演，很多人认为其严厉程度可以和之前的《格拉斯-斯蒂格尔法案》相媲美，混业终于又被套上了紧箍。2014年4月1日，沃尔克规则开始正式实施。新规则迫使很多华尔街银行重塑了商业模式，从而降低了金融风险。

不过特朗普团队一直认为,《多德－弗兰克法案》虽然有效抑制了美国银行业的高风险押注,但也抑制了经济的增长,所以特朗普一直在寻求放松沃尔克规则。2020年1月,美联储正式发布了沃尔克规则改革方案。2020年6月25日,美国监管机构货币监理署放宽了对大型银行投资的限制。华尔街正在通过沃尔克规则改革被逐步松绑。改革方案最终在2020年10月1日生效。

疫情对金融市场的冲击非常强烈。之所以没有演化成2008年的全球金融危机,一是因为美联储行动迅速。先是快速把利率降到0,之后开启大规模量化宽松政策,迄今为止印了快4万亿美元钞票。二是因为美国的大银行和大机构都没有受到冲击。2008年危机以后,受制于《多德－弗兰克法案》与巴塞尔协议[①],美国大银行持有的企业债规模不大,衍生品敞口也很小。

这也是为什么2010年奥巴马签署的数十年来最严厉的、条款多达2300页的《多德－弗兰克法案》,会被称作奥巴马赢得的一项载入史册的重大政治胜利。

回顾历史我们会发现,很多时候人类从历史中难以学到任何教训。金融危机都是放松监管和金融混业以后带来的结果。后果都是赢了金融业狂欢,输了全体老百姓和全世界买单。

通货膨胀不起,周期不止,这句话并不是瞎说的。自打进入

---

① 巴塞尔协议是巴塞尔委员会制定的在全球范围内主要的银行资本和风险监管标准。

纸币时代，每次源自美国的大危机都是通货膨胀或者泡沫起来以后，美联储货币政策收缩带来的。

1929年的泡沫是怎么破的？从1928年开始，美联储为抑制投机开始加息收紧货币政策。最终不但刺破了股市泡沫，而且引发了后面的世界性大萧条和"二战"。2008年的泡沫又是怎么破的？也是因为2004年通货膨胀起来以后，美联储开始着手加息。从2003年下半年开始，美国经济强劲复苏，需求快速上升拉动了通货膨胀和核心通货膨胀抬头。2004年美联储开始持续收紧货币政策，连续17次把利息提高25个基点。2006年6月联邦基金利率达到5.25%。在美联储连续加息以后，美国房地产市场的泡沫终于被刺破了，成为全球金融危机的导火索。

这次会有什么意外吗？并不会。疫情期间几万亿美元被创造，了解一下美联储的资产负债表变化，就知道未来热钱会有多么汹涌。而且放水的不只是美国，为抗击疫情，全球主要国家都在开启核动力印钞机。看看M2增速就知道，美国、日本，包括欧盟等国家同步放水已经开始了。上次几个大国同步开启印钞机，还得追溯到2008年金融危机的时候。后面发生了什么应该有不少人还记得，这些钱大多数都流入了房地产。持有100万现金的人和持有价值100万元房子的人，也是在那一年瞬间拉开了距离。

这次印出来的钱也会涌入各种资产，吹起史无前例的超级泡沫，不过大概率不是楼市。我猜测这次会流入科技行业，配合我们制造业升级计划带动资本市场融资，推升科技泡沫。现在各大金融市场都在打扫屋子,准备迎接热钱的到来,之后就是泡沫湮灭。国内市场也会跟上这次科技泡沫,这次泡沫会让很多人暴富,也会洗劫很大一批人。未来泡沫破的时候也会无比可怕,后面如果有实力的国家不打算拯救世界经济,随之而来的可能就是大萧条。

苏联与俄罗斯经济的教训

很多熟悉历史的人都知道,每一次国家走向衰亡的诱因都是财政收支不平衡,古代的大明王朝是这样,近代解体前的苏联也是这样。这就好比经营公司,最重要的是保证财务收支平衡有盈余,起码要保证足够的现金流。如果入不敷出的话,公司很快就会破产倒闭。对国家来说道理也差不多,财政收支平衡是一个国家最根本、最内在的核心。只要这个核心不出问题,国家的根基就不会动摇。一旦财政收支平衡出了问题,国家走向灭亡也就不远了。

现代社会迅速打垮一个大国最有效的方式从来不是战争,而是金融。曾经的超级大国苏联就是面临财政问题后,被西方发动的金融战争肢解的。20世纪90年代,苏联在一场蓄谋已久的金融战争中土崩瓦解。这个经历了惨烈的"二战"都没有被打垮的世界霸主就这么灰飞烟灭了。摧毁苏联这个庞大的工业帝国只用了短短10年。解体后的前苏联工业体系完全被摧毁,多数成员国都再无翻身崛起的机会。

一

工业革命以后，现代化重工业当仁不让地成为大国争霸和扩张的基础配置。同样地，任何后发国家想要爬到食物链上层完成国防和工业体系建设，也必点这棵技能树，苏联自然也不例外。

苏联的无产阶级政权建立之初，内部面临生产力水平低下、工业基础薄弱的问题，外部则是英、法、德、美、日这些老牌资本主义列强虎视眈眈，利用各种经济技术封锁想要把苏联扼杀在摇篮里。

当时的苏联还是个农业国，资源有限却又想快速工业化，从农业部门抽调资源进行工业化变成了必然。只有短期集中所有资源发展以国防军事为中心的重工业，才能和西方列强抗衡。而且因为西方阵营的围追堵截，当时的苏联也没办法按部就班挨个发展农业、轻工业、重工业。在这种背景下，集中力量办大事的超高速工业化发展计划产生了。连续几个五年计划的超额完成，使得苏联快速成为能和美国抗衡的工业化强国。

苏联片面地注重重工业，忽视农业和轻工业，因而造成市场上的货物不够、货币不稳定。苏联的软肋就来自粮食问题。

其实苏联原本是产粮大国，即使在沙俄时期，也能毫不费力地实现粮食自给。直到20世纪初，俄国还占据了世界粮食出口总量的45％，是世界最大的粮食出口国。后面因为军备竞赛，苏联的重工业尤其是军工开始过度发展，轻工业和农业等领域才被轻视了。因为粮食产量降低，国家储备粮持续减少，填饱国民的肚子已经变成了20世纪60年代苏联不得不面对的头号问题。

自己的粮食产量不够就只能从国际市场购买，然而国际商品结算货币是美元不是卢布，想进口粮食就得有足够的美元外汇储备。没有足够的美元，苏联只能开始抛售黄金储备。单单1963年因为农作物减产进口粮食，就用掉372.2吨黄金，占据苏联黄金储备的1/3。苏联靠这点黄金进口粮食，根本就是杯水车薪。

二

1973年，第四次中东战争爆发引发了第一次石油危机。石油输出国组织欧佩克（OPEC）为了打击对手以色列及支持以色列的国家，宣布石油禁运暂停出口。世界性经济危机由此引发，油价开始暴涨。苏联则恰好因为60年代在西伯利亚发现大油田而石油产量持续攀升，从年产量不到2亿吨上升到6亿吨。

暴涨的油价让石油收入水涨船高，之前苏联头疼的外汇储备和粮食问题居然轻而易举地解决了。石油产量和出口量的快速增长给苏联带来了源源不断的美元外汇。从某种意义上说，是西伯利亚优质油田石油大量产出造就了勃列日涅夫时代的繁荣。

除了进口粮食，苏联也开始大量进口设备，很多国内有能力生产的设备也开始进口，反正外汇很多。因为石油收入暴涨，20世纪70年代初制定的发展科技、生产民用产品、提升工业竞争力出口创汇的经济改革计划也就此搁置。当时的苏联还利用这笔石油收入到处支援第三世界国家，扩张自己的势力范围。

撒切尔夫人曾经描绘了当时苏联如日中天的景象："借助计划政策，加上独特的精神与物质刺激手段相结合，苏联的经济发展指标很高。其国民生产总值增长率过去比我们高出一倍。如果再考虑到苏联丰厚的自然资源，如果合理地发展下去，那么苏联完全有可能将我们挤出世界市场。因此，我们一直采取行动，旨在削弱苏联经济，凸显其内部问题。"

英美削弱苏联经济的努力并没有成功。石油价格持续10年维持高位造就了苏联经济的持续繁荣，赶英超美的速度日益加快。1975年，苏联的工业总产值上升至美国的80%，军事上已经全面超越美国。比如战略导弹苏联这一年有2402枚，超过美国40%，战略核力量的开支是美国的3倍。苏联军队的扩张速度也很快。1978年，美军有210万人，苏军则有440万人；美陆军拥有坦克1.05万辆，苏军则拥有5万辆。

在石油价格高涨带来的巨额收入支撑下，这一阶段的美苏争霸中，苏联一直保持进攻状态，四面开花。靠近苏联的欧洲是争霸的重点区域，美苏都集结了重兵。

三

和如日中天日进斗金的苏联不同，同一时期的西方因为石油价格高涨、能源短缺、生产力衰退而陷入全面滞涨。在经济危机的冲击下，美国的收支平衡日益恶化。美国不但在军事力量方面被苏联赶上，也在越战中严重受挫，陷入持久战的泥潭。随着危机愈演愈烈,越战变成一场越来越打不起的战争。古人说军马未动粮草先行,既然没有粮草,美国收缩战线也就成了必然。尼克松在这个阶段调整了全球军事部署,收缩了亚洲兵力,从越南开始撤军。撤军的原因只有一个,口袋里的钱不够了。

美国和中国改善关系以后,得以从越南战场这个亚洲麻烦中抽身,在中东地区彻底分化了阿拉伯联盟,把沙特从苏联阵营争取到自己一边。这为80年代美国发动对苏金融战奠定了基础。

1980年,苏联的石油天然气出口金额已经达到向经合组织国家出口额的67%。不过巨额的石油收入不但没有解决苏联经济的不平衡,反而加重了这种不平衡。苏联没有重新调整经济结构。发展科技生产民用产品,提升工业竞争力出口创汇的经济改革计划被搁置不说,粮食也越发依赖进口。

1970年,苏联进口谷物仅220万吨。1985年,苏联进口的谷物已经达到4560万吨。市面上近四成的粮食都需要从国外进口。短短十几年间,苏联从一个能够自给自足的产粮国变成粮食进口国,全世界1/6的粮食都要被苏联进口来填饱老百姓的肚子。

要知道苏联这种依赖石油价格的经济非常脆弱,想满足国内粮食需要,首先需要用石油出口换取巨额外汇,也就是美元,再用美元大量进口粮食,一旦油价下跌美元不足,粮食进口就没法保证了。

美国人当然也发现了这点。他们很快明白苏联的命门在美元外汇储备,从里根上台开始,围绕着消耗苏联硬通货美元储备的措施就开始不断实施。如果能想法消耗掉苏联现有的外汇储备，后面只要油价下跌外汇收入减少，苏联就会陷入困境。没有足够的美元进口粮食和设备，看似强大的苏联经济就会不攻自破，再利用经济困境激化民族矛盾，就可以肢解苏联。很多国家不遗余力地强调必须维持足额外汇储备、保证粮食安全和自主、强调新能源开发减少石油依赖。这些教训都是从苏联这边学来的。

当时美国一方面秘密资助阿富汗游击队，把苏联拖入阿富汗战争的泥潭里消耗国力，另一方面通过各种措施加大对东欧国家的经济制裁，让苏联被迫拿出石油收入的一部分来支援盟国。单单波兰一年就需要40亿美元的经济援助，苏联大量的外汇储备在这个过程中被消耗。除了想办法消耗苏联现有外汇储备，在减少苏联石油收入方面，美国也下了不少功夫。比如美国联合整个西方世界对苏联进行全面技术封锁，以阻止苏联得到提高石油产量和修建石油天然气管道的关键技术。石油产量少了，外汇收入自然就少了。

四

西方的努力没有白费，转折点终于来了。从1985年开始，苏联石油产量见顶，开始缓慢下滑，美国等待已久的苏联石油产量峰值时刻终于来了。美国宣布为沙特提供安全保障，通过提供最先进的预警机和毒刺导弹与沙特结成反苏同盟。沙特则宣布加大石油产量两倍以上，油价几个月内就暴跌到10美元一桶。

对一个战略物资几乎完全依靠石油创汇支撑的国家来说，石油产量和价格双杀的威力是巨大的。随着石油出口创汇收入的减少，数千万吨的粮食进口化为泡影，财政收支也很快严重恶化。仅仅1986年一年时间，苏联的外汇储备就减少了2/3。随后切尔诺贝利核电站泄漏和亚美尼亚大地震又雪上加霜地消耗了大量外汇储备。苏联当时的一份文件描述了财政危机有多严重：

> 可自由兑换的货币结算非常紧张，债务超过了商品出口年度收入的2倍，支付利息需要耗费近20亿卢布，超过石油出口所获可自由兑换货币全部进款。目前的情况是，我国必须将出口获得的全部可自由兑换货币进款用于偿还外债。

这段话是什么意思呢？就是当时苏联石油出口收入只够偿还债务利息，已经没有任何多余外汇进口粮食、设备和其他资源。苏联的困境在于，想买粮食就要有足够的美元，没有高价石油出口，就没有足够的美元进口粮食。普通老百姓虽然不知道怎么回事，但是社会食品急剧短缺，粮食供应不足的问题很快在市场上显现。

美国前国务卿基辛格曾说过："谁控制了石油，谁就控制了所有国家；谁控制了粮食，谁就控制了人类；谁掌握了货币发行权，谁就掌握了世界。"粮食是最重要的资源，其地位无可比拟。到处都是饥饿的苏联民众，戈尔巴乔夫不得不开始向西方政府寻求贷款。向自己的冷战敌人借钱，就要按照它们的要求进行改革，此时此刻的苏联已经完全丧失了主动权。

1990年是苏联最为悲伤的一年，美苏攻守之势开始逆转。为获得西方的贷款进口粮食维持国民经济运转，苏联开始按照西方的要求进行改革，大规模收缩自己的势力范围。粮食问题还导致了苏联加盟共和国内的分离主义运动，当初加盟苏联的共和国纷纷开始要求独立。苏联就此解体了。

这场金融战争之后，一个1980年国力还是美国80%的超级大国土崩瓦解。一个有着上万件核武器，武装到牙齿的超级大国瞬间消失。

本质上，苏联是先陷入了财政危机，之后又被美国联合沙特用一场金融战打垮。苏联财政收支失去平衡是庞大帝国轰然解体的最重要因素。美国联合沙特发动的金融战也只是给这个庞然大物套上了最后的绞索。

美国人管这种操作叫隐蔽经济战，里根时期的中央情报局局长威廉·凯西是这套体系的设计者，主要手段就是鼓吹放松资本管制，任凭热钱进出冲击经济，私有化国企削弱国家抵御外部攻击的能力，通过金融手段征服世界。

这是一种非常规战争，核心是通过对一个国家经济体进行研究，找到其咽喉要害，并针对这种脆弱性，利用经济手段进行打击，削弱其国力，进而扶植自己的代理人上位。

五

苏联的解体仅仅是财富瓜分的开始，真正的饕餮盛宴发生在俄罗斯。叶利钦突然被历史推上了前台。不过叶利钦非常清楚，自己必须继续推进改革，因为虽然在政治斗争中如愿当上总统，但他的执政基础依然非常薄弱。

一方面因为俄罗斯继承了苏联大部分遗产，同时也继承了大部分债务。1万亿卢布的内债和1200亿美元的外债让国家迅速陷入经济衰退。国内经济近乎瘫痪，生产下降，粮食不足，日用品短缺已经成了大问题。人民群众极为不满生活现状，不解决这些问题，就有失去支持、丧失权力的危险。另一方面叶利钦是喊着改革口号上台的。他当权之后俄罗斯的社会结构并未发生变化，公有制依然占据主导地位，在经济领域他手上并没有可以依靠的强大社会力量。

盖达尔在这个时候出现了。这个人有点儿像喜欢纸上谈兵的赵括，说起西方经济学一套一套的。后面俄罗斯的私有化之父丘拜斯也是他的得力干将。叶利钦很喜欢这个能说会道的年轻人，他能把经济学理论讲得头头是道，对改革也颇有见解，还能和议会反对派相互辩论。

盖达尔出身于苏联的一个书香门第，父亲老盖达尔是苏联《真理报》记者，有着传奇经历，曾参加过古巴抗击美国的猪湾战争，还是卡斯特罗的老朋友。盖达尔的爷爷是苏联作家，作品《铁木尔传》曾风靡很多国家。

20世纪80年代因为接触到西方经济学,从而变成自由市场的忠实信徒,盖达尔决心用这套理论改变当时的苏联。当时他们一帮向往市场经济的年轻人经常在列宁格勒郊区聚会,有人管他们叫"蛇山会议派",他们管自己叫"青年改革派"。

这些未来的经济掌权者提出,苏联经济的出路在于建立西方的自由市场经济,改变公有制,确立私有制。盖达尔是这批人的精神领袖,一开始子承父业做了苏联党报《真理报》编辑,后来做了苏联经济研究所所长。

盖达尔在宣传和经济两个口子都熟,加上经常写文章宣传自己的经济理念,声望越来越大。很多人成了他的拥趸,认为市场经济是万能的。然而只有在基层组织干过、了解底层结构是如何运作的人,在最高管理岗位才可能有杰出的表现。毫无基层经验的学者和经济学家根据自己从书本学来的三脚猫理论照方抓药搞改革,对国家来说无疑是一场灾难。

盖达尔给俄罗斯开的药方就是按照西方经济学理论先搞市场化,再搞私有化。市场确实很重要,不过他们忘了一件事,理论和实际操作从来都是两回事儿。要是光看理论案例就能成功,照方抓药执行就能实现国家崛起,那现在应该满地球都是发达国家。事实上,最近一两百年除了东亚几个国家成功崛起,后面发展起来的国家几乎没有。

纸上的理论变成实际操作并没那么容易。盖达尔这批青年改革家觉得一旦俄罗斯踏上自由市场的轨道,就会跻身发达国家,所以要想尽一切办法停止国家对经济的干预,让市场的自然法则发挥作用。想法很美好,结果很残酷。最后改革的果实老百姓并没享受到,不光私有化让寡头们得利,汇率贬值以后资产也被其他欧美国家收割。

六

盖达尔采用的是美国经济学家萨克斯的休克疗法,分三步走对俄罗斯进行经济改革。第一步是放开物价。1992年1月首先放开了90%的消费品价格和80%的生产资料价格,同时取消对收入增长的限制。公职人员的工资提高90%,退休人员的补助金提高到每月900卢布,家庭补助和失业救济金也大幅上涨。

听起来大家收入都大幅增长是好事,可这诱发了严重的通货膨胀。道理很简单,俄罗斯继承了苏联的计划经济,一切按照计划生产,生产能力没有冗余。大家涨了工资、手里钱多了就去抢购商品。价格放开供需失去平衡,物价肯定天天都在涨。大家觉得手里的钱越来越贬值,只要有卢布就想着花掉换成商品。买空货架造成了进一步短缺,从而又加剧了通货膨胀。没过半年消费品价格就涨了65倍。因为燃料和原材料价格过早放开,企业生产成本也跟着暴涨,工业品批发价格也涨了15倍。

其实这种情况用货币价格理论的费雪公式($MV=PT$)很容易解释。其中M是货币总量,V是货币流通速度,P是商品价格,T是商品总量。取消收入增长限制相当于给社会注入大量货币M,也就是货币总量M暴涨了。之前的计划经济体制导致生产能力没有冗余,老百姓需要购买的商品总量T难以快速增加。在货币流通速度V一定的情况下,公式两边想要相等,商品价格P必定是暴涨的。商品价格P暴涨让老百姓持有货币的欲望大为降低,原来不参与流通的储蓄也加入M中来,进一步提高了货币总量M,加剧了通货膨胀。通货膨胀压力下,原来一个月花光的工资拿到当天就去抢购所有生活必需品,货币流通速度V等于增加了30倍。如果货币总量M增加3倍,商品价格P上涨90倍就变得轻而易举。这等于货币在恶性通货膨胀下贬值了90倍。

第一步已经如此糟糕了,后面还有改革的第二步。这边物价飞涨,那边财政开始紧缩,要求开源节流,严格控制货币发行和贷款,防止通货膨胀。不仅如此,国家还取消了全部税收优惠,所有商品一律缴纳28%的增值税。

这两招简直要了俄罗斯企业的命。本来放开物价严重通货膨胀导致原材料价格高涨,企业就需要比以前多得多的钱以维持生产,这时候俄罗斯政府又开始财政紧缩把信用贷款控制得紧紧的,于是大量企业因为没有周转资金而死亡。

紧缩政策也让勉强活着的企业的流动资金大面积短缺,企业之间大量三角债由此形成。由于税负过重,企业生产进一步萎缩,失业人数激增。政府没办法又开始加大补贴和直接投资,提高财政赤字。

1992年,俄罗斯政府被迫增发18万亿卢布,是1991年发行量的20倍,紧缩政策形同虚设。天量货币的注入进一步加剧了恶性通货膨胀,当时俄罗斯的通货膨胀率简直骇人听闻。俄罗斯经济真的被改革改得休克了。在恶性通货膨胀和超发货币的双重打击下，卢布大幅贬值，购买力只有改革前的1%，老百姓所有存款被彻底洗劫。

同理还有俄罗斯的汇率。我们知道，货币也是一种商品。担心通货膨胀的资金在国内商品不足的情况下会寻找替代品，外汇就是最好的替代品之一。大量的资金涌向了俄罗斯的外汇市场，卢布开始大幅贬值，从1992年的1∶59贬值到1998年的1∶6000，几乎贬值了100倍。更严重的是在1998年贬值到1∶6000以后，俄罗斯进行了币制改革。新旧卢布的兑换比率是1∶1000。美元兑换新卢布的汇率就这样又回到了1∶6。加上前面贬值的100倍，老百姓的存款几乎变成了废纸。

七

这时候第三步大规模私有化来了。1992年，俄罗斯国会通过了国有资产证券化私有方案。为加快私有化进程，俄罗斯最初采取的办法是无偿赠送，规定把企业35%的股份无偿赠送给企业职工和管理者。俄国那时国有资产总值的1/3约为1.5万亿卢布，按当时俄罗斯人口1.5亿计算，每个俄罗斯人都能领到一张面值1万卢布的私有化券。

盖达尔的想法很简单，因为企业是国有的，所以老百姓的生产积极性差。怎样提高积极性呢？就是把国有资产分给大家。企业到了自己手里，大家都是企业的主人，积极性不就上来了嘛。

而且把实体经济证券化以后，不能流通的资产转变为可流通的资产，一下子就进入了资本主义市场经济阶段。老百姓依然在工厂工作，又化身为企业股东和主人，得到了真正的实惠。盖达尔政府许诺，这张面值1万卢布的私有化证券会随着时间增值，过不了多久就能换辆伏尔加小轿车。

然而理想很丰满，现实很骨感。因为剧烈的通货膨胀，1万卢布在私有化改革完成的1992年也就只能买双皮鞋。拿到私有化券的老百姓刚从苏联的计划经济中走出来，根本认识不到这种票据有什么作用。面对剧烈的通货膨胀，很多人担心自己手里的这张票据就像钞票一样越来越不值钱，于是纷纷抛售。

因为抛售的人太多，私有化券的市场价狂跌。寡头们趁机大肆收购，然后拿着收购的私有化券去兑换国有企业股份和控制权。比如寡头霍尔多科夫斯基在这次证券私有化中就控制了40多家公司，拥有员工15 000人，价值21亿美元，涉及钢铁、地产、石化、食品等各个领域。其他寡头也在这次私有化中大幅扩充了自己的地盘和实力。

看似公平的私有化，结果就是普通人拿到私有化券以后，只能廉价抛售换取现金改善生活。外国资本和寡头们则趁机廉价购买，他们非常清楚这些资产的价值，一旦获得控制权，不管是卖掉还是继续经营都是暴利。私有化券以极快的速度向这些人聚集，在老百姓对恶性通货膨胀的恐慌抛售中成为俄罗斯国家资产的新主宰者。在这个过程中，国家没有得到一分钱，资产所有权就廉价转移到私人手里。私有化彻底变成了合法侵吞俄罗斯国家资产的盛宴。

如果资产在国家手里，资产和利润可以用来发展建设，也可以转化为新的资产，还可以给老百姓买医保建保障房。到了私人手里，这一切都不复存在。一批新贵由此产生，原属于人民的财富全部流入了寡头们的腰包，他们在苏联的废墟上建立起自己的帝国。

私有化之前俄罗斯1990年的GDP还有1万多亿美元，私有化之后的1997年下降为4284亿美元。1998年金融危机下降为1871亿美元，2000年因为油价回升才回到2469亿美元，但不到1990年的1/4。

被这帮纸上谈兵的经济学家祸害以后，老百姓饱受物价和疾病折磨。和1990年相比，1999年的物价上涨了8520倍，平均工资仅为64美元，退休金仅为20美元，还经常拖欠。人均寿命也不断缩短。按照1996年公布的数据，男性居民寿命已经由苏联解体初期的64岁下降到58岁，女性从74岁下降到71岁。因为出生率降低、死亡率升高，从1992年开始，俄罗斯每年新增人口总数减少至70万～100万人。

不过这只是开胃菜，重头戏还在1995年，剩下2/3的俄罗斯国有资产在这一年被全面私有化。1995年是俄罗斯大选前一年，这一年因为车臣战争，政府快要没钱了。对国家来说，要维持运转必须得有钱。所以当时的俄罗斯选了另一条路——发国债借钱。发债借钱在西方国家是常规操作。然而俄罗斯不是西方发达国家，又赶上国内经济崩溃，国际市场上当时根本没人敢借给它，向国内寡头借钱就成了唯一选择。

寡头们的条件非常简单，借钱给俄罗斯政府，政府则用大型国有企业的股权做抵押，政府不能按时还款，股份就要被拍卖。表面看起来这个操作公平合理，实际上陷入财政危机的俄罗斯政府根本无力偿还，只能变卖资产。关键是，寡头们借给俄罗斯政府的钱和那些大型国企价值相比，几乎微乎其微。俄罗斯的私有化无疑是失败的。这里面的经济教训值得我们思考。

第三章

看懂股市趋势,成为投资赢家

风险就是机会

很多人喜欢讨论预防风险和危机。可是他们不明白，所谓危机，其实是危中有机，也就是说，在危境中会存在机遇，关键就看你能不能把握住。

有一段时间，大家热议裁员指数。媒体的论调都不乐观，不仅标题骇人听闻，而且看起来论据严密、数据清晰，结论也出奇的一致。各路专家都言之凿凿地确信，看这个裁员指数，后面要出大问题了。

其实这个裁员指数没有什么特别的，每逢杠杆调控或者金融危机就会拉高一次，随之而来的就是印钞放水宽松货币，这几乎都成了规律。比如，2008年的全球金融危机，暴力去杠杆导致的现金流短缺，等等。当这些情况出现的时候，会导致资金流动性短缺，裁员也成企业自保的选择之一。

对于一家企业来讲，现金流非常重要。当政府去杠杆开始，银行收紧钱袋子，那些高杠杆、高负债的公司和个人便会撑不住，坏消息频繁传出来。但是只要挺过去，随后便是资金大放水的开始，会拯救了那些在金融风暴中幸存下来的企业。

巴菲特这辈子通过金融大赚了三四千亿美元，其中仅在次贷危机中就赚了近800亿美元。为什么会有这样的机会呢？因为资金流动性危机，一些企业扛不住资金链断裂的压力，低价抛售股权，被巴菲特抄了底，而随后政府的印钞救市让他赚得盆满钵满。

只要能在危机中买来大幅贬值的资产，那么度过危机之后就能大赚。无论楼市还是股市都是这个道理，没有市场流动性的地方就没有溢价。在流动性枯竭的时候，我们要敢于出手，在泡沫高位流动性溢价有消失征兆的时候，要及时撤出来。

记得上次2018年底流动性危机跌得最惨的时候，有个朋友曾经跟我说："不管你们怕不怕，我在跌到这个位置时买入了。谁都猜不出底在哪里，套着就套着呗。"世纪大萧条也好，金融危机也罢，最差也就是套两三年的事情。如果机会来了不敢下手，那只能高位接盘了。要知道这个世界上没有永远的涨，也没有永远的跌。

只要在暴跌到一定程度后，买入有价值的股票，哪怕没有精准挑选股票的眼光，最终大概率也是不需要割肉的，至于能赚多少要看个人的选股水平。

当然，如果你选择了股价一直走低的股票，只能说你的选股水平连入门级都达不到，还是先不要参与投资为妙。做投资要按照时间与政策作出判断，不要被媒体和其他人牵着鼻子走。

牛市来了，就算是普通人也能够赚钱，运气好的话，甚至可以达到股神级别。很多专家教你这个技巧、教你那个方法，其实多数情况下学习了根本没有用。要是真的能让你手里的钱很快上涨几倍,那他为什么不自己操作,哪里还有工夫告诉别人。

也许你学会了一些实用的炒股技巧,但是由于很多因素的限制,所以若不是借助市场整体的上涨趋势,多数人很难赚到钱。普通人要学会去赚唾手可得的钱,而不是找一条布满荆棘的暴富之路去挑战。这么多年以来,大多数通过股市赚到钱的人,不过是赶上了政策的东风带来的资产溢价。只要能够准确地判断趋势,赚多少钱只取决于操作的细节。

但凡股市遇上牛市,那么牛市是所有股票的牛市。你只要看准一只股票低位持有,最后等市场整体涨起来的时候再出手,应该是可以大赚一笔的。毕竟到了牛市末期,任何一只股票都不会表现很差。

而在熊市中,别看那些专家分析得头头是道,教你如何在股市的寒冬中赚钱,但他们往往亏得很厉害。能亲自下场买股票的专家已经相当有良心了,毕竟不是仅仅靠嘴吹。有的所谓的股票专家,根本就不买股,他们讲的内容完全是建立在造假数据上的。即使他们讲得漏洞百出,很多人还是听信他们的说辞。要是按照他们的方法去操作股票,是很难赚到钱的。实际,你学会分析政策趋势才是最重要的。大趋势、大方向对了,无非是赚多赚少的差异。

所有投资品价格上涨,不过就是低位拐点出现以后,被大印钞带到风口上的猪。人们的购买力开始下降,物价也随之上涨。

如果你经历了一个完整的市场周期后,就会发现一个奇怪的现象，参与各类产品投资的人，除了房地产投资客，剩下的能够从投资中获利并且全身而退的人并不多。总而言之，牛市的时候大家看起来似乎都能赚到钱，但最终没有几个人可以落袋为安。基本上账面上的盈余都是令人空欢喜一场，待到牛市退去，非但没赚到钱，反而还要被即将到来的熊市套住。

为什么会出现这种现象呢？因为大多数人在市场低谷的时候不敢进，在高位的时候又追涨加仓。

在股票市场中，我们赚的到底是谁的钱呢？索罗斯曾经说过，金融是一场基于假象和谎言的游戏。要想守住并赢得更多的财富，就要看清其假象。一旦进场，最关键的就是在假象和谎言被人们认知之前退出这场游戏。

简单地讲，就是金融市场本身不创造价值，这里面只有财富再分配。我们也不要被那些谎言故事所蒙蔽，要做到见好就收。这种本质就像是麻将桌上的牌局。提供场地的老板就是交易所，而一场牌局下来四个人不可能都赢钱，因为你赢得的钱都是从输家的口袋里掏出来的。

既然赚的是别人的钱，那么为什么金融市场投资者众多，真正能够赚钱的却不多呢？因为大多数人在看见市场低位的时候都保持谨慎，等到发现能够赚钱之后，就开始跟风投资，后面越涨越疯狂，跟进的资金和投资客也越来越多。

大家可以关注下金融市场的新增开户数，往往新增数量暴涨的时期都是牛市时期。这个时候，那些在低位抄底的投资者们便纷纷把手中的资产套现，将这些资产卖给新来的投资者。

这样的规律从投资市场出现后就一直持续到现在,然而大多数人还是遵循着同样的行为准则:低位不敢进,高位挤破头。当然也有可能就是很多人不清楚什么是低位,什么是高位。他们的投资行为不过是单纯的跟风。这种现象出现在不同的投资市场中,无论股市还是楼市,都是如此。因为人类的思维逻辑是不变的。

如果你想从股票等投资市场中赚到钱,就一定要有对市场有理智和清醒的判断,不要人云亦云地跟风投资。

看 准

价值和投资从来都是两方面

某日看了一个访谈视频,我觉得里面的内容很有意思。从投资的角度来看,这个节目中最有用的内容是,它提到价值投资包含价值和投资两个方面,也就是说价值投资是一个二维体系。

价值投资,就是我们在投资选取有价值的目标的同时,也要考虑到估值的问题。毕竟一个有价值的公司的股票,我们要考虑以什么样的价位投资,才能够得到丰厚的回报。

哪怕一个公司很有价值,如果你在它的股票市场高位的时候买入,也算不上什么好的投资。就像我经常说的,如果一个公司前景非常好,股票每股合理的估值在100元。你在500元的价格的时候买入,那就谈不上价值投资。反之,如果一个公司前景一般,股票每股估值在1元,但是你在3角的时候买入了,这就是好的投资。

很多人不明白,资本市场的绝大部分暴利并非来自生产经营,而是在于估值的变动。一家公司在上升时期的估值可能是其低谷时期的5倍,这其中就有我们投资的机会。所以最适合普通人的投资方式就是股票低位的时候买入,股票高位的时候卖出。

这也是我为什么一直在强调低位重仓。因为如果你在高位买入后，这个公司的价值可能随着时间的推移开始回归。

国内股市投资资金往往选择抱团，迅速抬升一个公司的股价后又迅速撤离。结果造成股市价格的波动很像是钟摆，从一端高点摆向另一端，而中间的低点就是熊市。如果你能在熊市低位的时候买入，那么你就能赚牛市高位买入那批人的钱。当牛市到达顶点再也没有资金买入的时候，投资者们无法支撑其总价值，于是大盘开始崩溃。

这样你就明白为什么A股的牛市总是转瞬即逝，因为牛市达到顶尖的时候，只要购买力无法支撑，崩盘就是一瞬间的事情。那么我们这些不具备优势的普通人如何能够借助形势赚钱呢？

我们要清楚地认识到，无论是流动资金还是信息获取，自己都不如那些投资机构，我们能做的就是尽量在股票处于低位的时候买入，尽量要选择那些估值和位置双低、行业有具备增量和确定性的公司。不管什么媒体或者专家把某个公司的未来吹得如何天花乱坠，只要现在估值和位置都处于高位，我们都要谨慎应对。如果一定要参与，那么如果发现趋势不对就要及时撤退止损。

除了注意估值和位置双低的问题，还要注意市场资金的投资偏好，一般每隔几年就会发生变化，前几年喜欢成长型公司，后几年可能就偏好价值型公司。每当人们习惯成长股泡沫的时候，市场就会转到价值投资至上。当你把价值投资当作金科玉律的时候，成长股的泡沫不经意间又回来了。这就是为什么虽然大家觉得每隔几年一次的牛市风头一直在变，但其实不过就是风水轮流转罢了。

巴菲特指标揭示了什么

前段时间听到一个报道,说是衡量美股泡沫最著名的巴菲特指标已经创下历史新高。现在美股的位置,不但超过了20世纪30年代大萧条时候的峰值,而且超越了2000年时的科技泡沫峰值,成为历史上最高的指标值。而这一切,都是在2020年疫情之后,美联储疯狂放水的货币政策和美国政府的财政刺激下造成的。

理解巴菲特指标的来龙去脉,有助于你了解股市,对我们以后投资的决策,也会有比较深远的影响。

什么是巴菲特指标

用美股的总市值除以美国国民生产总值(GNP),会得到一个数值,我们称其为"巴菲特指标",因为这个指标是巴菲特首先提出来的。

对于巴菲特指标,一直有一个传言,不管是机构还是媒体,这两年都在不断引用——如果巴菲特指标的数值处在70%~

80%之间，说明美股处在被低估的位置，是买入美股的好时机。如果巴菲特指标数值超过100%，就意味着美股有泡沫了，需要小心了。

为什么这个指标这么有参考意义，就连巴菲特也会如此重视呢？我在这里讲一下自己的理解。我们知道GNP的中文名称是国民生产总值。这代表的是一个国家或者地区所有人在一定时期内新生产的产品和服务价值的总和。也就是说，GNP这个指标计算的是一个国家或者地区当年创造的实际财富。而股票市场的总价值，代表的是一个国家创造的实际财富证券化的货币价值。所以巴菲特指标的本身，是用GDP这个实际财富作为基准，来计算实体经济的证券化率程度，以及资本市场的泡沫化程度。

在一个已经完成实物财富证券化的成熟国家里，用股票市场的总市值除以GNP的比值，衡量的其实是一个国家实物财富的泡沫化程度。因为股票市场的最终价值，只能反映经济的实际产出。泡沫大到一定程度，就会均值回归。

不过关于巴菲特这个指标的用法，到处都在以讹传讹。这才有了"巴菲特指标要是超过100%，美股市场就进入泡沫区间"这种没有逻辑的说法。

巴菲特的困扰

在过去十年的时间里，价值股的涨幅一直不如成长股。这种情况持续了很久，让不少深度价值投资者很受伤，以至于传奇的价值投资者查尔斯跳楼自杀了。他是个知名的基金经理，也是深度价值投资者。他管理的基金在鼎盛时期规模高达200亿美元。

过去的十年，对查尔斯这种深度价值投资者来说，是非常难熬的日子。因为对全球高额债务的持续担忧，他一直找不到合适的价值标的，不得不保持着40%的现金。《巴伦周刊》说，查尔斯从高楼上纵身一跃，结束了自己的生命，但价值已经开始回归。

可能很多人不知道的是，2000年纳斯达克①泡沫破灭之前，股神巴菲特也经历了同样难熬的岁月。1999年年初，巴菲特旗下公司伯克希尔哈撒韦的股价是80 300美元。到了2000年年初却只有50 900美元，下跌近40%。因为从1999年开始，网络股成为当时的唯一热门板块。科技股的股价疯涨的同时，其他多数公司的股价都在下跌。最典型的就是DQ（美国最大的乳制品公司之一）、可口可乐、迪士尼和美国运通这些传统消费股和价值股。这些都是巴菲特手里的重仓股，而它们在1999年的表现，只能用"恶心"来形容。

因为看空高新科技互联网股票，再加上基金业绩表现不佳，《时代周刊》在1999年夏天的封面上公然羞辱巴菲特："沃伦，究竟哪儿出了问题？"作为对此的回应，巴菲特精心准备了几周后在1999年的太阳谷峰会上的一个演讲。这是巴菲特过去30年来，第一次对股票市场做出公开预测。在这次演讲中，他主要讲

---

① 纳斯达克：全称为美国全国证券交易商，是美国的一个电子证券交易机构。

了两件事。

一件事就是大家熟悉的那段："短期来看，股票市场是投票机，但长期看来它更像是称重机。虽然从最终的结果看，称重机会胜出，但短期会是由投票的筹码来左右。因为短期投票的筹码，最大的决定因素，可能是人们狂热的情绪。"巴菲特这段投票机和称重机理论，说的其实就是股票的长期价值是由其盈利和估值决定的，虽然短期可能会被人们狂热的情绪推高。

关于人们在股票市场狂热的情绪，巴菲特在演讲中讲了一个石油勘探商的故事。

一个石油勘探商死后进了天堂，上帝对他说："你符合所有的条件，但这里人以群分，石油勘探者的居住区已经满了，我没有地方提供给你。"

新来的石油勘探商问道："您不介意我说五个字吧？"

"可以。"

于是商人把手拢在嘴边，大声喊道："地狱里有油！"

所有的石油勘探者想都没想，一同往地狱冲去，天堂的居住区被腾空了。上帝只好宣布现在这块地方全都是那个新来的石油勘探者的了。

谁料那个石油勘探者想了一会儿，说道："不了，我还是跟着他们去地狱吧，毕竟这世上无风不起浪。"

巴菲特讲石油商人的故事，其实就是在描述牛市末期人们趋同的狂热情绪。那时候要是你好心告诉别人股票市场风险很大，别人在心里可能还觉得你想挡他的财路。

对金融市场有着决定性影响的是利率。利率对金融市场的影响，就像地心引力对物体的影响一样大。当利率下跌并且保持在历史低位的时候，所有资产都会有前所未有的高估值。因为在低利率的背景下，人们不愿意在手里持有现金，而是用前所未有的价格，去买那些高估值的股票和资产。这就是为什么在20世纪90年代末期，在美股公司利润和此前比较没有明显增长的情况下，整个美股市场的估值显然已经过高，但人们还在不断买入这些高估值股票，甚至是市面上其他高估值资产。这里一旦利率发生变化，金融等资产的价格都会发生变化，不管是房屋、股票，还是债券。

可以说巴菲特在这次演讲中，基本上完整概括了自己投资体系的精髓。

巴菲特的第二次分析

做完这次演讲之后不久的1999年11月，巴菲特给《财富》杂志又写了篇文章。这次巴菲特更加详细地分析了影响股市运行的几项重要因素。其实这次的新文章，写的还是太阳谷演讲中那两段老生常谈的东西。

一方面，他说市场短期是投票机，但长期一定是称重机。企业的真正价值，一定是盈利决定的。虽然可能会有很长一段时间，公司股价偏离实际价值，但总有一天，股价还是会回归基本面。另一方面，他又说了一遍市场上的利率水平对估值的影响，不过这次巴菲特举了一个特别生动的例子。

他说道琼斯指数在1964年12月31日的位置，是874.12点。到了1981年12月31日的位置，是875点。也就是说17年的时间，道琼斯指数只涨了1点。不过在这17年里，美国的国民生产总值上涨了370%，美国财富500强公司的销售额也上涨了6倍。可是这期间美国股市只上涨了1点，不得不说，这是一件非常好笑的事儿。

不过后面的1981—1998这17年时间里，道琼斯指数一路狂飙。虽然美国的GDP只上涨了177%，但同期道琼斯指数上涨了10倍。都说美国股市是经济的晴雨表，二者关系很大。我们从两个阶段美股的表现，却完全看不出美国股市和经济有什么联系。

为什么会出现这样的情况呢？巴菲特在文中也给出了自己的答案。股票市场在前后两个17年里，出现截然相反的表现，是因为两个经济变量和一个心理变量。两个经济变量，是指市场上的利率水平和企业利润，这两个因素我在前面提到过。

情绪变量，是指股票市场的非理性周期性爆发。股市乐观的时候往往会更乐观，悲观的时候往往会更悲观。看看牛市顶部时候人们的心理和熊市底部时候人们的心理，大家就能明白这个道理了。

这里我们还是先从经济变量里最重要的利率说起。为什么市场上的利率水平会对投资品估值影响这么大呢？这里我们计算一下不同利率水平下需要的投资回报率，大家就知道怎么回事了。

179

要讲明白投资回报率的问题，首先要引入一个市盈率的概念。所谓市盈率，就是用你的投资总额，除以这笔投资每年能产生的回报，计算出一个数值。这个数值就是市盈率，所以市盈率的计算方式等于投资总额除以年度投资回报。这里可以看出：市盈率这个数值，代表的是收回这笔投资需要的年限。这里我们也可以看出，市盈率的倒数，其实就是每年获得的投资回报率。假如你投资100万元，每年能产生5万元的利润，那么收回这笔投资需要20年时间。所以这笔投资的市盈率就是20，那么每年的投资回报率是5%。

明白了市盈率和年均投资回报率的概念，我们再看看不同利率水平下，覆盖资金成本需要的年均投资回报率。假如目前市面上利率水平是5%，那意味着要偿还这个借贷成本，至少需要年赚5%才能覆盖。

我们前面说过，市盈率的倒数，可以看作你这笔投资的年均回报率。5%的借贷成本意味着，拿这笔钱投资一个年均回报5%，也就是20倍市盈率的市场，是可以覆盖成本的。

如果现在市场上利率水平下降到4%，那么意味着偿还这个借贷成本，需要年赚4%就可以。在4%的利率环境下，意味着你拿这笔钱投资一个年均回报4%、全市场估值在25倍市盈率的市场，依然是可以覆盖成本的。如果利率水平下降到2%，则意味着你拿这笔钱投资一个年均回报2%、全市场估值在50倍市盈率的市场，依然可以覆盖成本。

同样的一个市场，仅仅因为利率的差异，就带来了估值水平的巨大改变。可见利率高低这个因素，对全市场估值水平的影响是多么巨大。这里我们也可以得出结论，利率水平是决定市场估值最重要的因素。在低利率甚至是负利率环境下，整个股票市场的估值，大概率都会比正常利率环境下的估值高出不少。

为什么巴菲特认为泡沫会破

下面是1964—1998年几个关键日期的长期政府债券利率水平：1964年12月31日为4.20%，1981年12月31日为13.65%，1998年12月31日为5.09%。

1964—1981年，利率水平急剧升高，从之前的4%大幅上升到14%。等于利率水平上升了3倍多，这对股票市场的估值和投资者都非常不利。

其间因为利率水平太高，所有投资品的估值都在走低，首当其冲的就是股票价格。利率水平成倍增长的同时，企业的利润水平却没有多大的增长幅度。

自从1951年之后，美国企业税后利率占GDP的比重，基本在4%～6.5%间波动。到1981年年底的时候，美国企业税后利润占GDP的比重甚至降到了3.5%。因为此时美国赶上了经济滞涨，经济不好加上高利率，企业的盈利自然不会高。

高利率压制投资品的估值水平，再加上企业盈利不佳，两个因素在同一时期发生。这很大程度上解释了为什么在1964—1981年间，道琼斯指数一动不动。

那为什么1981—1998年，股市能上涨10倍之多呢？主要原因是市场上利率水平不断下滑，推高了市场估值。次要原因是企业的利润水平，也在1980年之后走出滞涨，开始出现持续改善。

1981年年底，美国企业税后利润占GDP的比重是3.5%，到了1998年年底，这个比重接近6%。而1981年12月31日的利率为13.65%，到了1998年12月31日利率降到了5.09%。利率不断降低，推动了股票市场估值水平的大幅提升，与此同时，企业的盈利水平也开始回升。估值和盈利水平双升，带来的就是美股市场的戴维斯双击[1]。戴维斯双击带来股市上涨以后投资者的情绪因素也放大了上涨。

市场上涨越快，就有越多的人进入股市。牛市一旦开始启动，就算乱买也能赚钱。这时候所有人都认为，股票市场是提款机。这时候人们认为，不买股票抢钱，是脑子出问题了。这些人不懂什么利率水平，也不懂什么企业盈利，只知道参与就能赚钱。

在赚钱效应下，大家很快会变成巴浦洛夫实验[2]里的那条狗。股市上涨就像摇铃铛一样，刺激他们流口水。这些新手带着增量资金冲进市场，很大程度上推动了上涨趋势的延续，他们也是最后接盘的那批人。

---

[1] 戴维斯双击指的是在股票市场的某个阶段，企业的估值和业绩同时大幅提升。
[2] 巴浦洛夫实验是指巴浦洛夫以狗为实验对象来建立铃声引起唾液分泌的经典条件作用实验。

综上所述我们可以看出，影响市场估值水平最重要的因素是利率，其次是企业盈利和人们的情绪。在1999年这篇文章里，巴菲特也是看到这三个指标都没办法维系，才告诉大家后面泡沫很快要破了。

当时市场的情绪已经非常狂热，该进来接盘的投资者差不多都已经进来了。想要在这个位置维持上升，就需要利率或者企业的盈利水平中至少有一个因素能够支持其上涨。要么长期利率必须进一步下降，然而这时候美联储已经开始加息；要么企业的盈利水平有重大改善，这看起来根本不可能会发生。因为1950年以来，美国的企业税后盈利占GDP的比例一般在4%，超过6.5%的时候非常罕见。在盈利非常好的1999年和2000年，这个比例也低于6%。

所以巴菲特在文章中得出的结论是：美国股市的泡沫，可能很快要破了。文章写完没几个月，美国的高新科技互联网股票泡沫破灭，开始步入漫漫熊途。

巴菲特的回顾

股市泡沫破灭一年之后，2001年巴菲特在《福布斯》杂志上，又发表了一篇很长的文章。这篇文章再次回顾总结了之前在1999年太阳谷峰会的演讲和在《财富》杂志上写的文章，把影响美国股市的利率、企业盈利和投资者情绪三要素重新归纳总结了一遍。

在文章中，巴菲特以大萧条时期美国经济增长和股市之间的关系为例，举了更加翔实的例子。巴菲特说1964—1981年，美国GDP增长迅速但股市不涨，并不是什么特殊情况。在20世纪之初的1900—1920年，美国股市也是不涨的。这期间国家经济突飞猛进，但股票市场几乎纹丝不动。

比如1899年12月31日的道琼斯指数是66.08，而1920年12月31日的道琼斯指数是71.95。道琼斯指数在这20年间只上涨了5%，和1964—1981年的停滞非常类似。这段时间，市场上的利率水平也在不断上升，1920年8月是最高点。

然而在1920年加息和西班牙大流感的影响下，美国经济陷入了前所未有的衰退。为拯救经济，整个20年代美联储开始持续地降息，利率水平在不断走低。在利率走低和货币宽松的背景下，美国迎来了咆哮的20年代。道琼斯指数在接下来的9年里，上涨了500%。不过是泡沫总是要破的。1929年9月，道琼斯指数在上升至381点以后，在美联储加息的影响下，美股泡沫破裂和后面的大萧条终于来了。

当下的美股泡沫破裂以后，全球经济很可能也会陷入大萧条的窘境。后面不管美联储怎么宽松，财政部怎么搞财政刺激，经济都救不起来，而是步入萧条状态。因为这里和1929年的情况类似，有着大萧条前夜一样的贫富分化。

早在经济大萧条期间，美联储在不断尝试通过降息和宽松的货币政策拯救经济。罗斯福也发布了各种新政，开始对富人们征收重税。美国通过财政刺激和转移支付补贴穷人的方式来支持经济。但由于美国当时的社会贫富差距太大，底层已经完全丧失了购买力。所以货币和财政刺激手段已经失效，美国经济依然步入了史无前例的大萧条。拯救美国经济的是"二战"带来的订单和利润。

现今的全球经济状况和大萧条之前的1929年是非常类似的。可以说不管是美股泡沫的严重程度，还是全球社会贫富分化的程度，都差不多。

当年受到大萧条和"二战"的影响，从1932年开始的17年间，道琼斯指数一直趴在171点之下，完全没有起色。虽然整个40年代，美国的人均GDP增长了50%，可以说是20世纪增长最快的10年，但股市依然趴在那里不动。直到1950年1月，股票市场才开始上涨，1950—1966年道琼斯指数又足足上涨了500%。

再之后就是我们前面讨论的两个周期：1966—1982年的经济滞胀，以及1982—2000年的大牛市。这里我们也可以看出，道琼斯指数大概有一个10~20年的波动周期。前面20年暴涨，后面20年横盘，再加上中间的无效时间，合起来差不多就是一个康波周期。也难怪经济学家周金涛曾说，人生发财靠康波。

巴菲特指标的由来

在2001年这篇文章的结尾，巴菲特还告诉我们，过去的20世纪，已经证明了一件事。股票市场的非理性，是周期性爆发的。所以需要通过定量分析来帮助我们选择在高点离开市场，规避可能的风险。

从宏观上讲，巴菲特认为定量分析也不复杂，那就是美股的市值和美国GNP之比。这就是那个广为流传的巴菲特指标的由来。巴菲特认为，如果在任何时候，想寻找一个衡量股票市场估值的最佳单一手段，那可能股市总市值与国民生产总值的比率这个指标是最佳的。当然他也承认，单用这个指标作为参考，有一定的局限性。因为投资本身需要的是多重指标的交叉验证。

1999年的时候，巴菲特指标已经升高到了前所未有的高度。这是一个很强的预警信号。我们在前面说过，GNP增速代表的是美国实体经济创造的增量财富。如果资本市场以超越实体经济发展的速度增加财富，意味着这个巴菲特指标的数字会不断持续地增大。这意味着证券市场的泡沫化程度在不断上升。假如股票总体市值增加10%，每年GNP增加5%，那巴菲特指标的曲线就需要直线上升。

在2001年写下的这篇文章中，巴菲特还说：如果这个比率关系在70%～80%，那么出手购买股票的话，收益会不错。如果这个比率接近200%，就像1999—2000年的情况，那你还买入股票的话，就是在玩火。

在2001年的时候，我们可以看到巴菲特指标的位置在133%，而这个数字还是从2000年高点大跌了的结果。所以当年美国纳斯达克的科技股泡沫有多大，现在大家应该也能够看出来了。

我认为很多人对巴菲特指标有以讹传讹的说法，比如，不少媒体都说，巴菲特指标超过100%的时候，美股就被认为存在泡沫。

其实巴菲特本人并没有提到，当这个指标超过100%的时候是不是已经步入泡沫。而且在1924—1995年期间，巴菲特指标都是低于100%的。只是在1995年之后，巴菲特指标才第一次超过了100%。我们总不能说过去这70年，美股市场都没有出现泡沫吧。如果这样，那1929年的大萧条，又是怎么来的？

其实从巴菲特的表述看，他阐述了一个简单的道理。那就是这个指标在70%~80%的时候，是合理买入位置。我们虚拟财富相对实际财富显著低估了。后面超出合理位置以后，市场泡沫是情绪驱动的，高点在哪儿谁也不知道。因为顶部和底部是疯子决定的。所以巴菲特指标超过100%持续不破是非常正常的，甚至可能一直冲高到200%的位置。在这个位置买进就是在玩火，因为虚拟财富相对实际财富已经显著出现高估，泡沫也随时可能破。

不过在1995—2000年这一段科技股泡沫时期，巴菲特也并没有远离股市。他只是不买科技股，而是持续买入价值股。价值股持续非理性下跌，导致那几年巴菲特持续跑输市场。自己公司伯克希尔的股价，也因为大量持有价值股，在1999—2000年年初跌了40%，还被别人嘲笑了。就在大家纷纷嘲笑巴菲特老古董、思维过时的时候，科技股泡沫也随之破裂了。2000年科技股泡沫破灭以后，巴菲特手里的价值股王者归来。直到2008

年全球金融危机之前，价值股的表现都好过成长股。

通过上面的分析可以看出，很多媒体或者研究机构所说的巴菲特指标高于100％，美股市场就已经步入泡沫。这是一种以讹传讹的说法。如果大家单纯把巴菲特指标达到100％作为卖出时机，是非常错误的。在这些年低利率和美联储放水的背景下，基本上会错过大部分的投资机会。

2015年8月的巴菲特指标是101％。2018年这个指标是109％，早就进入他们所说的泡沫区间了。如果你达到100％就开始卖出，应该是在五年以前就已经清空了手里的所有投资仓位，然后看着美股市场在后面持续不停地上涨，开始不停懊悔。因为这个指标在2019年全球央行放水和低利率的背景下又继续升高，甚至已经突破了上一次2000年科技股互联网泡沫时期创下的峰值纪录。

在经历了2020年疫情期间更大的放水以后，2021年巴菲特指标还在持续上升，数字达到230％。到了这个阶段，按照巴菲特的观点，确实已经进入投资风险区间了。美债美股的相关性，在目前这个时间点，也已经回到1999年年中的水平。相关性这么高意味着，未来的某一天，你看到的不是股债双牛，就是股债双杀。

巴菲特指数在这么高的位置，对于它未来的走向，我的观点和巴菲特在1999年曾经表达过的观点类似。现在市场已经步入泡沫区，也就是和1999年股市的状态很相近。后面再过一些时间，当通货膨胀来了，很可能因为货币紧缩出现股债双杀的局面。不过从全球的权益资金流来看,这个节点,大家似乎比以前更乐观,这也符合巴菲特的那个情绪指标。过去十多年间,涌入权益市场[①]的资金,没有一次比这次猛。

全球资金都在疯狂进入权益市场,原因也并不复杂。越是到了股市泡沫的末端,冲进来的资金就会越多越猛,现在看来确实也是这样。再加上疫情期间美联储世纪大放水和极低的利率水平,导致人们手里的现金保值增值需求非常旺盛。

这次美股泡沫破灭之后,我并不认为全球央行靠货币或者财政刺激就能把经济救起来。后面很可能会像1929年一样,全球经济步入萧条。不管怎么刺激,经济都处于低潮阶段。因为这次不光有史无前例的美股泡沫,还有史无前例的贫富分化。底层百姓已经真正丧失了购买力。

---

① 权益市场是对公司权益进行发行与交易的场所。有时也将权益市场中发行的市场称初级市场或一级市场,交易的市场称二级市场。交易既可以在场内(交易所)进行,也可以在场外进行(也称柜台交易市场)。权益市场常常直接称为股票市场,它是市场经济中最为关键的市场之一。

炼就股市中的火眼金睛

价值投资像是个筐

这两年价值投资好像已经变成了一个筐，什么概念都能往里装。不管某些"蓝筹白马"（指股市上拥有成长性或处在行业龙头地位的股票）公司的估值和位置是不是处在历史高位，一些荐股人都会盲目建议你去价值投资。当你抵挡不住诱惑，向这些股票抛出橄榄枝并被高位套牢以后，那些荐股人便又会告诉你要继续价值投资，不要在乎一时的得失。

这种所谓的"价值投资"越来越流行，背后有很多原因。一方面是过去两三年"蓝筹白马"这类股票价格持续上涨，让这些所谓的"价值投资"有了活跃的土壤；另一方面，这种所谓的"价值投资"证伪时间很长，所以这些人才会肆无忌惮地鼓吹。

说到底，很多不懂公司价值和市场运行规律的伪价值投资者，不断地在给你灌输长期价值投资的理念，只是因为在这个理念掩盖下，短期很难看出一个人投资的真实水平，时间是他们最好的庇护所。

与短线买入股票立马能得到验证不同，这些需要长时间持有的"价值投资"股票具有很强的迷惑性。很多不懂公司价值或者市场运行规律的投资者，往往会成为其长期的"牺牲品"。

在这几年时间里，这些伪价值投资者的安全边际，可以说是高得可怕。普通人凭借自己的眼光和认知，确实很难判断这些股票是否真正具备长期投资价值。正因为如此，哪怕眼前该公司股票价格一直呈现下跌的态势，他们也能够通过长远的预期搪塞过去，让人无法用事实反驳。

对于这些伪价值投资者来讲，他们只需要通过持续的话术稳住投资者的心态和预期，告诉你要长期价值投资。等到几年一次的牛市周期到来，所有的股票价格都在随着股市势头上扬以后，他们就算是熬出头了。这次经历便能作为他们的一次成功投资经验，拿出来展示给后续新入场的投资者。

很多所谓的价值投资者会建议你去买好公司的股票，去买那些股价低于其内在价值的公司的股票。但他们自己其实并不懂得一个公司如何才算是好的公司，又如何判断它的内在价值。最终的结果就是股票涨了，就是抓到了优质公司；股票跌了，就是公司价值需要长期观察，不要看短期涨跌。

一个从事基金投资的私募基金经理曾经在社交媒体抱怨说，他的基金过去几年的主要投资对象是基建股，收益可以说非常的惨淡。更让他觉得难受的是，近几年涉及基建领域的公司虽然基本面在好转，估值却越来越低，市场在不断杀估值，他认为是市场在犯错。在我看来，一个企业估值偏低，只是投资的必要条件之一。在没有增量预期出现的情况下，增量资金是不会介入这类公司的。甚至这个企业的估值可能会一直处于低位，不断阴跌（指波动较小的逐级下跌）杀估值，持有就是白白耗费时间。我们在投资的时候，一定要考虑全面。不光要考虑低位低估值问题，还要考虑增量带来的估值扩张确定性问题。

价值投资不是盲目跟风

很多人接触价值投资的时候都相信，只要买入低估值企业的股票，和时间做朋友就能获得很好的回报。但是往往大家又都说不清楚什么才是一个企业的真正价值，又如何判断它是否存在低估值的情况。这类既不可靠，又言之凿凿告诉你不择时、不看位置就去价值投资的方法，基本都不具备可操作性。

这两年一些表现优秀的"蓝筹白马"股，类似格力、茅台、平安等股票成为很多人嘴里价值投资的典范，好像只要照猫画虎就能抓住下一次机遇一样。在这类优秀公司股票股价持续上涨的背景下，很多类似的股票还被打包冠以"核心资产"的美誉。不过从2021年开始，很多之前表现很好的"核心资产"股价开始一路下行，回撤超过30%。尽管这些企业的价值和去年相比没有太大的差异，经营和业绩也比较稳固，但是股价确实是在变化。

在股价下行的时候，一些所谓的价值投资者站出来，告诉大家价值投资要在公司低估的时候买入。现在这些"蓝筹白马"公司市盈率不高，回调就是机会，只要闭眼买入就好了，越跌越要买入。然而他们不曾注意过，这些"蓝筹白马"公司的股价经历了几年的上涨之后，公司的股价位置和估值已经处在历史最高位。

通常情况下，一只处在高位的股票要想继续获得股价与公司市值的双重提升，就必须保持高速增长的业绩，这是成长股的逻辑。可是这些处在高位的大多数"蓝筹白马"公司，已经步入经营稳定期，它们本身就是各个领域的龙头老大，业绩持续高增长显然不太可能。

这些年正是因为它们稳定又具备确定性的业绩，让资金开始抱团不断推升公司的估值水平，从而带来了股价的上涨。2020年疫情后因为上游周期公司产品涨价，业绩出现了高速增长，这意味着比这些"蓝筹白马"公司确定性更强的板块出现了，而且那些周期型公司的位置和估值又都处在低位，所以之前抱团"蓝筹白马"的资金开始分流到其他股票。这些"蓝筹白马"公司的估值自然因为资金分流开始收缩了，股价也就开始回落了。

价值投资有门槛

在很多人眼里，所谓的价值投资就是拿市盈率给公司估值，长期投资就是买了以后关闭账户不看，不是择时定投就是每月按时按点闭眼买入。显然，这种简单机械的思路并不适合股市，对投资本身来说也没有太大的帮助。因为回测收益率的话，这种简单的策略可能也就比你随机买入稍微强那么一点。

投资并没有我们想象的那么简单。很多人之所以相信这一方法，都是因为自己没有摸索出更可靠的交易策略，没有找到更稳定的盈利方法，只能把自己的希望寄托在虚无缥缈的时间身上。其实，价值投资本身是一件非常有门槛的事情，也是多数普通投资者难以掌握的。

价值投资者经常会通过对公司未来的评估来判断公司的价值，衡量公司当前的股价是高估还是低估，可真正能做到这几点是很难的。比如评判一个公司的价值，很多投资者都会通过现金流量贴现，即通过公司未来的现金流折现等参数，计算一个公司目前的价值。对于投资者来说，当一个公司的价值低于未来现金流折现的时候就要购入股票，高于未来现金流折现的时候就要抛出。

但是，计算未来现金流设定的这些参数，本身就具有不确定性。很多公司现金流不稳定，用它来估值也会出现较大的误差。更何况很多人说起现金流折现，动不动就计算未来十年八年的情况。事实上能算清楚未来三年的账目就已经很不容易了，要是预测十年后的事情，那基本和算命没有什么区别。要知道很多中小企业的寿命周期也就是十年左右。这样看来，除了一些稳定的大公司以外，其他企业很难通过现金流量贴现的方式得到合理的企业价值结果。

而且价值投资更看重的是企业未来的现金流，既然这个账很难算清楚，那么作为一个普通的投资者，要做到正确判断企业价值并且找到低估值企业，是一件相当困难的事情。就算是拥有优秀研究员的金融机构，也没那么容易做到。所以说，普通投资者想要做一些金融机构都不容易做到的事情，是不太现实的。

不要只知巴菲特

一提到价值投资，很多人都立马想起巴菲特。了解巴菲特的人应该都知道，巴菲特在早期的时候喜欢做价值投机，而且收益丰厚。到后来公司越做越大，受限于资金规模及建立起自己的现金流，巴菲特才开始做真正意义上的价值投资。对于大多数股市投资者来说，巴菲特投资生涯具备参考价值的时期是他做价值投机的早期。因为他在后面已经拥有了普通人不可能拥有的保险公司与现金流。

还有人喜欢研究华尔街教父本杰明·格雷厄姆。格雷厄姆喜欢买入股价低于净值、分红稳定的股票，从长远来看这种做法非常合适。但是当今信息的传导速度已经远远超过格雷厄姆的时代，那些长期经营良好、分红稳定的公司的股价很少会低于净值。而低于净值的公司，多多少少又存在经营问题，不能长期持有。

很多人沉溺于往日投资偶像们的光环之中，一知半解地仿照他们的举动进行投资，却从未意识到现在和过去是两个时代，最终结果自然是亏多赚少。

其实价值投资只是一种投资方式。通过这种方式能不能赚到钱，还要看你能不能把它用对。价值投资的本质是长期持有优质资产。因此价值投资的前提是你持有股票对应的公司本身必须优质。因而这里存在着两个天然陷阱：一个是持有多长时间算长期，另一个是怎样的资产才能算得上优质。这就导致普通投资者为了搞清楚自己所投资公司到底是否优质，需要把大量时间花在判断公司的水平和资产质量上。普通投资者花了这么长时间来做这些事情，又根本比不过那些从事多年投资的机构和基金经理。

　　因此对于普通投资者来说，要想做价值投资，最简单有效的方法是以过去几年股价长期稳定上涨的几个公司作为研究对象，研究它们在开始大涨之前，公告中藏着什么蛛丝马迹。看懂财报只是第一步，更重要的是找到诱发股价上涨的因素，这才是推升价值的关键。

　　很多时候回看过往，我们会发现通常股票价格上涨的时候都有消息来推动。白酒股就是一个例子。在白酒类股票上涨的时候，市场上会反馈给大众100种上涨的理由。但这时候你就要发现哪一条是真正在起到驱动作用的，因为其中大多数的理由都是虚张声势而已。

技术分析也很有用

　　对于多数中小投资者来说，只要自己手里的资金还没有到达可以左右股价的程度，这个时候最需要学习的东西，其实不是单纯地阅读财报，而是做最基础的技术分析，这才是我们在股市里能够自我保护的不二法门。因为无论是我们拥有的资金、信息还是我们研究的深度、广度，都比不上专业的机构。然而就连专业的机构也会马失前蹄，因此一个普通投资者做出正确的判断更是难上加难。这个时候，技术分析就更加直观和简单一点。

技术分析从统计学角度来看是一件非常容易理解的事情，其实就是概率论。基础技术分析在告诉我们当股票某个图形出现之后，以当前的数量和价格大概率可能会出现什么走势。

越是长周期的技术分析，准确率就越高；越是短周期的技术分析，相对准确率越低。很多人觉得技术分析没用，是因为用错了方向，天天拿短周期的技术分析来判断全局。资金可以影响短周期的走势，但很难撼动长周期的走势，所以在长周期上判断的趋势往往比较可靠。这也是为什么我会重视长周期，如月线、季线，因为确实比较重要。

除了数学与统计学，技术分析也从侧面反映了投资者的心理。在如今互联网普及的情况下，投资者群体效应和信息差带来的变化会越来越明显。由于人们在交易的时候会不由自主地考虑自己的成本价格，所以散户在某个区域集中买入或者套牢以后，就在技术上形成了压力位或者支撑位。技术分析已经二十年没什么新东西了。以前我在最开始学习技术分析的时候，阅读的是期货技术分析教父约翰·墨菲的著作《期货市场技术分析》。其实这类书底层逻辑都是一样的，都是对统计学、概率论和心理学的研究。

很多做价值投资的投资者都看不起技术分析。如果我们对于二者研究清楚了，就会发现它们殊途同归。认真观察一个公司股票的图形，会发现往往从成交量和价格上，基本能反映一切。

股市投资方法论

对于手里资金不富裕的普通投资者来说，要想做好投资这件事，选股、组合和择时三者缺一不可。

从选股的角度来说，首先至少要排除财务造假或行业不景气的公司，然后在位置和估值双低的低位板块或者公司里面寻找有潜在增量和上涨预期的公司。我一直在强调低位，因为低位意味着我们的投资成本是与一些大型投资机构保持一致的，这样的投资才相对安全。增量预期也很重要。没有增量预期，即使处在低位的公司也不会有大量资金涌入，从而不会产生估值扩张带来的上涨效应。钢铁板块过去很长时间估值一直很低，但股价也一直没有上涨。原因也很简单，就是没有增量预期。投资没有增量预期的低估值公司，就像买了张债券。

投资要做组合，不要单投一个板块或者公司。非专业投资者单只公司配置，最好不要超过总资金的20%。做组合的目的是通过分散的方式来保证自己的安全系数。我们可以让自己的投资收益来得慢一点，但是一定要尽量避免掉坑，因为一旦掉进去，想要爬出来可就太难了。如果我们投资的板块或者标的过于集中，一旦相关行业或者公司不景气，损失就会比较大。如果我们的投资同时分配在几个公司和行业上，哪怕其中一个面临经营困境，但总体风险依然是可控的。

最后就是择时，尽量在熊市与牛市转折的时期开始你的投资。很多人喜欢看着指数是否暴涨来买股票，这其实是不太合适的。熊牛转折和牛市开启两个阶段，指数往往涨幅不大，甚至是横盘的。这时候通常是牛市一期和二期，指数虽然涨幅并不大，但强势股和主线板块往往赚钱效应很强。在这个阶段，我们要做的是通过稳健的分析找到强势板块和主线板块，同时规避弱势板块和指数横盘的干扰，优化自己的策略和买卖时间。等到指数暴涨的时候，其实牛市已经到了尾声，接近牛市的高潮阶段。到了这一刻，我们就要考虑退出了，当然退出也是需要通过技术分析来完成的。

看 准

股市的泡沫[1]

虽然现在全球股市的泡沫已经很大了,但是随着全球央行财政和货币宽松政策的执行,泡沫还会越来越大。而大放水的直接结果就是导致人们手里货币的购买力下降。未来泡沫破裂的时候,各国政府会再次通过印钞大放水拯救经济,这时候人们手里钞票的购买力会再次被洗劫。这里我们可以看看,近年来备受资本追捧的新能源车的资本市场泡沫有多大。

一提到新能源车,就不得不提及市值飞涨的电动车龙头老大特斯拉。特斯拉汽车的车型设计非常酷炫,代表未来趋势的自动驾驶噱头非常吸引人。按照马斯克的说法,特斯拉十年后销量会达到2000万,也会比传统车企的利润率高。

然而不管你的预期有多乐观,按照现在的股市价格来看,特斯拉的市值依然是过高了。目前特斯拉的市值为8300多亿美元。这个市值基本等同于丰田这家传统车企市值的3倍。想要撑起这个市值,想要让公司的股票价格看起来合理,并不是一件容易的

---

[1] 本文创作于2020年年初。

事情。

不过特斯拉的市值哪怕再不合理，也不影响特斯拉的股价继续上升。在2020年，特斯拉的股价最高点比2019年股价的最低点上涨了近十倍。

在投资市场，泡沫存在的三大定律如下：

1. 泡沫持续时间和幅度都会超出市场想象；
2. 只要是泡沫，最后一定会破；
3. 只有在泡沫破灭以后，市场才会形成共识。

还有一个关于泡沫的引申定理，负向泡沫的幅度永远不会超过正向幅度。所以做空①市场上普遍悲观的股票并不会有超额收益，与此同时，做空热门股票基本都会死在泡沫破灭前。

这三条投资市场定律加上泡沫的引申定理，基本上概括了市场泡沫的前世今生。至于做空泡沫会发生什么，我们可以关注一下特斯拉股价的走势。

不过比起很多造车新势力，特斯拉的泡沫算是小巫见大巫。上汽集团是国内销量靠前的传统车企，一年售出250万辆车。它的市值大概在2600亿元。而造车新势力中的某汽车厂商，市值远远超过上汽集团，去年的销量不过几万辆。

也许传统产业没有想象空间，所以资本市场往往不会给出高

---

① 做空是金融资产的一种操作模式，先是借入标的资产，然后卖出获得现金，过一段时间后，再支出现金买入标的资产归还。

估值。但这些造车企业的市值明显远远超出合理范围，就是因为泡沫的存在。

每当一个行业被资本市场炒作到产生泡沫的时候，都会具有几个明显的特征。比如这个行业公司的估值只能靠一些梦想和不存在的东西勉强解释。公司高管开始减持，大量增发融资并不改变上涨趋势。无论这个公司传出什么消息，都是好消息，都是股票暴涨的理由。

当被炒作的行业的企业的市值看起来足够高的到时候，股价不一定会跌。因为此时流动性资金充裕，在没有刺破泡沫以前，股价甚至还可能继续上涨。现在这些造车新势力的资本市场基本上都符合这些特征。资本市场的这种现象，历史上总是发生，只不过是剧本换个主角，重演一次罢了。

我们应该选择什么样股票进行投资呢？过去一段时间里，曾经流行一种说法——好公司随便买。只要公司业绩一路高涨，最终会消化掉估值中的泡沫，所以即使在股价高位的时候买入也不会有什么问题。

在2000年纳斯达克崩盘的时候，大家都追捧当时的热门科技企业高通的股票。虽然股市泡沫被美联储加息刺破之后，高通仍然迅速成长，成了芯片行业中的龙头老大。但那些高位买入高通股票的投资者就没有那么幸运了。经过了二十年的等待，飞速发展的高通股价才在疫情期间，全球大放水的背景下回到了1999年的股价高点。要知道由于通货膨胀的因素存在，投资高通股票的人不知道亏损了多少资产。

如果你在股价高点的时候买入高通这种公司的股票已经算是运气好的了。至少二十年后公司的股价还能涨回到原点。但如果你买到的是一般公司的股票，有可能没过几年公司就退市了，最后竹篮子打水一场空。

我们在遇到股市高点的时候，一定要远离股市，千万不能在股市泡沫面前心存侥幸。好公司如果没有好的价格，对投资人来说意义不大，只有好价格才是你投资赚钱的保证。就算是价值1元的垃圾股，你能在价格还是3毛钱的时候买到，那也是一项好的投资。即使你买到的是好公司的股票，它的价值10元，你却花了500元买到，等待着你的必然是漫长时间的价格下跌和价值的回归。

为什么那些电动车企业市场销量那么低，却能支撑得起那么高的市值呢？其实就是大家觉得电动汽车企业有未来。有想象空间和未来增量的公司，才能被资本推上风口，资本市场才能给出高估值。以特斯拉为例，这个公司描绘了一个跨越式的未来科技故事，大家纷纷看好它的前景和成长空间，资本也随之而来。

我们在面对这种成长型股票的时候，如果想要投资，可以先做一个基本的假设。这些风口上的公司向投资者画大饼，你要假定这个大目标可以实现，再结合行业前景及公司发展规划，估算一个可能的市值，这时候你就能构建出一个公司的上行空间。下行空间就是如果公司的大目标没能实现，根本做不出想要的产品，热潮退去以后能剩下多少价值。根据上行空间和下行空间，我们最终能够判断这只股票值不值得投资，值搏率[1]又有多少。如果值搏率够，我们还要考虑自己可以配置多少资金。

当然，这类公司我们不能只投资一家，那样风险太大。我们要找个五到八家企业分散投资，动态调节资金的配置。等到这个公司达到风口顶端的时候，我们便可以抛出股票。在高位接盘成长股的人，会给前面所有人买单。至于什么时候抛出，高位只需要通过技术分析看图说话就可以了。

现在的美股已经步入牛市泡沫的最后一段，这里不只是电动车行业的企业产生了巨大的泡沫，各类科技巨头企业也产生了巨大的泡沫。这里的上涨，很大程度上是美联储放水推高估值的结果。这些公司市值的提升，与经营业绩和收入的增长，关系并没有那么大。只是疫情以后的大放水，让这些公司的估值泡沫不断变大。

和我们国内的牛市三期爆炒低价股一样，美股在这个阶段，市场也开始"消灭"低股价。随着散户和新手大规模进入股票市场，一些垃圾股的收益率往往大得惊人，越是小市值的公司，股价涨幅越大。甚至在美股论坛上，一些垃圾股公司的投资者，预计自己的年收益为2531%。

所以，我们能够见到理性做空机构被团结起来的散户击败的场景。这个做空对冲基金被散户打爆的股票叫作"游戏驿站"，是做游戏线下零售的。大家可以想象一下这个公司的业务，在互

---

[1] 值搏率，即用一种量化的方式来衡量股票的估值和未来的成长性。

联网高度发达的今天，这样的传统的销售类型公司的业绩不可能会好。因此这个公司一直处于严重亏损状态，它的股票是美股市场上的垃圾股。然而，这样毫无前景的公司，股票居然在短短的时间里上涨了几百倍。这只股票的暴涨让很多做空的对冲基金差点儿崩盘，还是依靠其他机构的紧急注资才存活下来。

美股论坛上那些和对冲基金对着干的散户并不是为了手中的股票能够疯涨，而是想让那些一直套路他们的机构也吃点苦头。不过这只股票巨大的浮动和庞大的交易量不是仅仅靠散户团结就可以做得到的——黑石等投资机构借助舆论和散户的力量吃掉了这些基金对手。

所以不管哪个国家的市场，只要是走到牛市末期，都会出现低价股被热炒，一些机构趁机完成最后一轮资产收割。原因很简单，对于新入场的小白投资者来说，他们唯一的判断标准就是股价的高低，这些低价垃圾股因为股价便宜，在他们看来有着巨大的上升空间。所以当大量垃圾股暴涨的时候，往往意味着牛市进入尾声。在泡沫破灭前，通常还有一段最疯狂的升幅，后面加息提高利率的时候，就是泡沫即将会被刺破的标志。

第四章
避开投资中的陷阱

第四章　避开投资中的陷阱

别掉进金融产品的深坑

有一段时间，中国银行"原油宝"事件引起了广泛的关注——投资者投资金融产品的本金不但亏光了，还要倒欠银行钱。

"原油宝"产品的底层资产就是原油期货，即使没有暴跌，期货移仓也是要赔钱的。这次赶上了"原油宝"产品价格的剧烈波动更是让人血亏，因为油价直接跌到负值了——中国银行通知它的"原油宝"客户，他们的原油期货会按照-40美元结算。这等于所有客户都已经穿仓。穿仓的意思就是你账户里的钱根本不够赔，已经跌光了。负价格意味着不但跌光了你的本金，你还要倒给银行钱。

那时我在网上看到一个消息，有人不但300多万元的本金亏光了，还得再给银行补交500多万元才能填上窟窿。还有一个人的情况就更惨了。他是在1分钱抄底进去的，买了1万元的原油期货，当时他想的是赌一把，大不了1万元不要了。结果没想到后面油价跌到了-40美元，他一下子欠了银行4000万元。

很多人可能不明白为什么投资1万元会带来这么大的损失。

原油期货价格是1分钱的时候,1万元可以买100万桶原油,半个小时以后跌到了-40美元。这时候你有两个选项,要么实物交割,租船去拉回来100万桶原油,要么卖掉100万桶原油的合约,这时你需要付给别人4000万元才能卖掉合约。普通人哪有能力去把实物原油拉回来,所以只能选择卖掉原油合约,于是欠了银行4000万元。

其实当初很多人对纸原油、纸黄金这种东西是有误解的,以为自己买卖的是实物。但纸原油的宣传材料说,这是一种只计算份额不提取实物能源的产品,用人民币或者美元来买卖份额,价格随着原油期货波动,无任何杠杆。按照一般人的理解,抄底实物资产最多也就是本金亏没了,但是现在投资者不但本金亏完了,还倒欠银行一大笔钱。

不过国外操盘手也是"原油宝"事件的幕后推手。他们先修改交易所规则和熔断规则,然后才出现了不可思议的负油价。原油宝负价格就是用来围猎不接货又不移仓的投资机构的,而普通散户自然也成了受害者。

投资的时候,我们要记住一条原则,不熟悉的领域不要参与。即使尝试也只能拿小钱,不能投大钱。其实对广大散户来说,秉承不懂不做、不要尝试复杂金融产品的原则是最可靠的。

银行等平台在设计纸黄金和纸原油之类产品的销售体系的时候,往往设计得很"科学"——银行等平台基本是对外有杠杆、对内没杠杆。举个例子,假如银行卖给客户10亿元的原油宝产品,对外投资原油期货是10倍杠杆。银行只要拿出1亿元买入期货，对应的就是10亿元的投资产品，实现了对客户产品的覆盖。剩下的9亿元拿去干什么了呢？买债券放在自己的理财池子里，这部分收益归自己，和客户没关系。如此银行通过它的产品设计在你不知不觉之间赚了你两次，一次吃你交易的手续费，另一次吃你剩余资金的收益。

客户购买了纸黄金和纸原油等产品，如果平时波动不大，客户赚得可能不多，赔得也不会太多，可是一旦遇到极端的价格波动，要么非常赚，要么就赔个底朝天。疫情期间，有个朋友因为觉得油价到了底部，所以他买了银行的纸原油，后来亏得非常多，拿着很痛苦，因为仓位太重，割掉实在损失太大了，不知道怎么办才好。而且这个朋友还提到一个细节——纸原油是当月合约猛跌，远月不跌。这样的话多次换月以后就亏光本金了。

可能有人不知道什么是当月，什么是远月。比如现在是五月，那么五月就是当月合约，十二月就是远月合约。当月和远月之间的价格往往差异巨大。如果你买了一张五月的原油合约，可能在五月合约到期的时候，想换到六月合约时会发现钱不够了，因为六月合约比五月的价格要高。很多人都在说原油暴跌，引起暴跌的原因是即将交割当月主力合约，多数参与者必须移仓。

抄底石油最好的工具是能源股，因为不存在损耗。期货从来不是抄底原油的好选择，尤其对新手来说，规则没搞清楚往往损失会很大。为什么原油期货、纸原油还有很多石油ETF不能拿来抄底原油呢？因为存在巨大的换月成本。每次换月巨大的价差会导致你换一次亏一次的钱，换到最后连本金都没了。

投资有个原则是没搞清楚规则之前不要做。如果搞不清楚底层资产是什么，那更是不能碰。石油ETF和黄金ETF是不一样的，因为大部分黄金ETF是买了黄金放在自己的仓库的。因为储存和期限问题，石油根本不会去交割实物，而是通过购买石油期货合约模拟油价回报。期货只是一张买方和卖方签订的对赌合约，每个月在到期日进行自动结算。

因为石油期货每月到期，所以石油ETF就需要卖出当月合约，然后买入下个月的合约。这个过程叫转仓（Roll）。因为两个合约的价格不一样，所以在转仓过程中会产生回报或者亏损，我们叫转仓收益（Roll Yield）。假如五月合约期货价格是17块，六月的合约期货价格是25块，你换仓一次就亏损了8块。我们平时在新闻里听到的油价不是现货价格，是当月合约期货的价格。

之前每次石油输出国组织欧佩克（OPEC）打价格战，增产原油，石油期货都会出现升水的现象。升水的意思是期货价比现货价高。一方面是因为石油储备充足，大家不担心现货供应；另一方面是因为现货买家需要承担储存成本，所以计算了储存成本之后，期货将来的价格比现在要高。

升水的反义词是贴水，意思是期货价比现货价要低。出现贴水的原因大多是减产导致现货供应变少，大家因为怕买不到现货，所以愿意付出比将来更高的价钱买现货。

现在产油国都在增产，导致供应过剩，疫情又导致经济停滞没什么需求，市场处于大幅升水状态。而且大家还有一个预期，价格战不会持续太久，未来经济恢复也要增加用油需求，价格不可能一直这么低。所以远月期货的价格看起来比近月高很多，这就导致了每次转仓换月都会产生损失。买底层资产是石油ETF的道理也一样，每次转仓都会亏钱。和油有关的，凡是底层资产是石油期货的，升水状态下都是持有的时间越长，损耗越大。

这类底层资产是石油期货的金融产品，根本不适合投资，尤其是在石油期货升水状态下。假如你每个月转仓换月亏损1%，一年下来油价要升13%，才能抵消你的换月成本。极端的例子是2009年原油价格大涨78%，但石油ETF的回报率只有19%。

我认为投资新手不应该随便碰带杠杆的金融产品，尤其是存在有升水、贴水、损耗和交割的投资。虽说这些都只是工具，但是很多人出手之前并没搞清楚工具的规则，莫名其妙就亏钱了。投资的第一条原则就是做熟不做生，即使觉得一个新领域有巨大的机会，那也是应该先少量投入摸清楚规则再说。

现在很多投资项目听起来很诱人，但是亏损可比收益来得快。如果一个人两眼一抹黑冲进去，当然有可能发财，但更可能的是直接就掉坑里爬不上来。中国香港的保险、柬埔寨的地、普吉岛的公寓、澳洲的房、美国的教育，以及日本的民宿都是万年深坑。

在我看来，国内就是最好的投资场所。如果你在一个人口14亿、GDP年均增长6%的市场都无法下手，那么面对海外那种人口少、低增长的地方更不会寻找到太好的投资机会。普通人跑到自己不懂的地方和领域去投资，基本就是去给人送钱的。

投资赚钱很重要，但是避坑更加重要，毕竟大家每一分钱都不是白来的。我们可以富得慢一点，但千万要注意别掉坑里，因为掉坑里一次爬出来太费劲了。

保险是不是智商税

很多人都遇到过这个问题，商业保险该不该买。这么多年了，各种保险咨询顾问常用的说辞都是："给未来买个保障，给家人买个安心，保险是你规避风险的最好办法。"那些广告常常告诉你，如果未来这五件事有一件你无法确定，还是买份保险吧：

1. 你能否保证在退休前不会生大病？
2. 你能否保证在退休前绝对不发生意外？
3. 你能否毫不犹豫拿出50万元医疗费并且不影响生活？
4. 如果你没有50万元，能否保证有朋友借给你并且不用还？
5. 你能否保证，面对大病和意外，不得已离开时，有亲友像你一样照顾你的家人？

这五个问题是不是一下子让你有了买保险的冲动？我先说结

论吧，作为一个普通人，买好重疾医疗保险、意外保险、家庭财产保险就够了。当然了，如果你是家庭主要经济来源，家庭积蓄又相对脆弱，还可以考虑下定期寿险。

保险种类繁多，令人眼花缭乱，整体上保险其实就两种。一是财产险，二是人身险。看名字就知道，一个保财产，一个保人身。家庭财产保险是财产险。健康、人寿、意外都属于人身险。其中健康险里面包含了防癌、重疾和住院，人寿里面包含人寿养老险，意外险里面包含了各种意外险。

买保险的时候，买保障就买保障，不要当成理财产品买，也不买复合型的产品。如果你买健康险和理财的复合产品，或者买寿险和重疾险复合型的产品，性价比都是非常低的。

比如你买了1万元保额的重疾险，消费型而不带投资性质的保险会卖100元，保障期内生病发起理赔，保险公司赔钱。没有理赔，这100元就算是消费了，保险公司不会归还。而返还型的会卖300元，100元是成本，200元是储蓄投资。保障期内发生理赔，那就赔保额。如果没有生病理赔过就去世了，也会返还保费或赔保额给家人。对于没有出现意外情况的人而言，保险公司拿了这多出来的200元钱去投资债券或收益永续分级为A的这类产品，它买入的时候年收益率为5%，按照3%年收益率返还给投保人，赚了投保人几十年的利息差——那就吃大亏了，我们知道过去20年货币年贬值速率在8%。

假如你45岁买入月缴费2000元的返还型保险，缴费20年。65岁至85岁的时候，你每个月领6000元，购买力折算到现在用

6000元除去货币贬值等于1287元。比你交的2000元钱购买力还少了1/3。所以买保险的目的要纯粹，保障是保障。购买复合型产品，看似什么都有了，其实到最后你是亏的。

为什么说普通人购买重疾医疗保险、意外保险、家庭财产保险就够了呢？原因很简单，这几个都是避免大额损失风险的有效手段。

重疾险、医疗险都是保障大病支出的。医疗险是报销性质的，给投保人一个额度，生病住院的开销是可以在额度内报销的。重疾险是给付形式的，大病确诊达到合同约定条件可以直接赔付投保人购买时定下的保额，这笔钱是用来养病还是治病全凭自己安排。

既然医疗险都可以报销了，那还花钱买重疾险干吗？一场大病，并不是只有躺在医院才需要花钱，真正可怕的是治完病之后直线下降的赚钱能力。所以一笔大额赔付款还是有用的。

意外险就是针对意外带来的风险。因为意外去世或伤残，可以拿到一笔赔偿款。一年一百多元的意外保险支出很值得。而家庭财产保险其实就是房子的意外险。这种保险很便宜，一天就几角钱，万一房子碰到自然灾害和人为伤害，找保险公司理赔就行了。

比起之前的三种保险，定期寿险可能听起来最不吉利，因为它在投保人身故或者重残的情况下才会起作用，为的是帮助自己的家人慢慢回归正常生活，以防自己提前谢幕后家庭失去支柱而陷入黑暗。

那么保险该怎么买呢？首先记住，保险是一个对抗风险的工具，所以我们应该优先购买对抗极端风险的保险，如重疾险和意外险。其次就是在同类保险中购买一些性价比较高的保险。

我们国家是全球对保险公司监管最严格的地方之一，只要符合条款的，都可以赔，所以便宜是硬标准，谁便宜选谁。拿重疾险举个例子吧，只要是能覆盖6种核心重疾，如恶性肿瘤、急性心肌梗死、脑中风后遗症、重大器官移植术或造血干细胞移植术、冠状动脉搭桥术和终末期肾病，还有19种较常见的重疾病都可以赔付。所有产品都是万变不离其宗的。无非就是一个鸡蛋，你把它做成咸蛋、茶叶蛋和松花蛋的区别。保险公司开发了那么多产品，基本都是为了销售渠道，只要覆盖了常见的25种重疾的保险，功能都是一样的。

现在市面上的大多数产品，保障的重疾病种都有上百种，不过重疾病种是100种还是110种的区别不大，购买的时候，你不用担心病种多少的问题。我认为唯一的差异可能是在轻症和中症方面，有人愿意保，有人不愿意，这部分也是看个人的选择。不过从目前市场看，加了轻症或中症后的费用并没有增加多少，但理赔门槛降低了不少，如果一年支出不差这点儿钱，那就加上吧。至于很多人讲的保险投资，如果你追求高收益，根本不用考虑。现在市面上最好的理财险比起股市或基金定投的收益都差远了。

保险投资的唯一卖点就是稳定、没风险，收益全写在合同里，按照合同一定会给到投保人。这只适合有点闲钱还不自律的人。不过随着疫情和经济形势的影响,全球都逐渐开始步入负利率时代,要是保证60年都按4%的年复利付给投保人收益,应该能跑赢绝大部分的理财。

看 准

什么是不动产投资信托基金

REITs到底是什么，是不是一个好的投资标的？REITs这个单词是Real Estate Investment Trusts的缩写，译为不动产投资信托基金。简单说吧，股票基金是把很多人的钱聚集在一起，交给基金经理去买股票。债券基金是把大家的钱凑一起，让基金经理拿去投债券。REITs就是把大家的钱凑一起，基金经理拿去投不动产。

REITs起源于20世纪50年代的美国，到目前为止算是一种流动性好、收益稳定的股债替代品。从投资形式看，美国那边的REITs分为权益型、抵押型和混合型。所谓权益型就是说REITs拥有不动产的所有权，投资者的收益主要来自租金收益和股利分红。抵押型偏债权属性，募集的资金用于抵押贷款或者购买抵押证券。抵押型REITs不直接参与经营管理，所以风险和投资收益一般低于权益型。混合型就是前两者的混合体，收益和风险一般也处于两者中间。

2021年4月美国权益类REITs的收益率是8.06%，抵押型REITs的收益率是4.5%，可以看出来还是有差距的。从美国的数据来看，REITs产品是能长期给投资者带来良好稳定回报的。最近30年，富时全美REITs指数的年化回报率是10.26%，是收益比较稳定的资产。这里面富时全美权益型表现最为出众，其年化回报率是10.73%，高于同期标普指数的10.42%、罗素2000指数的10.44%和道琼斯工业的8.42%。

国内的REITs算是刚刚起步试点，通常我们有试点的惯例，就是分步走、稳妥发展的战略。所以REITs初期的产品，监管部门的限制非常严格，基本上把高风险的住宅、写字楼、公寓、商场和酒店都在试点阶段禁止了。目前REITs能投的不动产，基本集中在仓储物流、产业园、收费公路、机场港口这些基础设施，还有就是供水供暖这些有稳定现金流的市政项目。大家可以看看已经递交招募说明书的基础设施REITs，是不是基本集中在这些方向。只允许投资这些东西，正是因为供水供暖只要建成，每年都有稳定的现金流。收费公路、港口机场这些东西，都能收到稳定的过路费。就算竞争激烈的产业园，也是国内非常优质的产业园。不光是产品投向，在地域上也做了限制。优先支持重点区域，这些重点区域包括京津冀、雄安新区、珠三角、长三角，以及海南省和各类国家级新区。

有了这两个双保险做保证，初期发行的REITs安全系数还是挺高的。一方面试点期间REITs底层资产质量不错，另一方面这些REITs的底层资产，基本上都在经济相对较好的区域，不用担心爆雷的风险。不过试点这批REITs，我觉得可能不是太划算，内部收益率①（IRR）比波动率已经小于1了。当然了，这是目前试点期间的情况。

如果未来监管放松了限制，把高风险的住宅、写字楼、公寓、商场和酒店都纳入REITs的基础资产，这时候我们就需要认真评估一下了，判断自己要买的REITs的底层资产和目前的经济环境到底是不是匹配，从而分辨这个产品到底是否安全。

最典型的例子是香港的那几个REITs，这两年出现了明显分化，有的表现还不错，有的表现很糟糕。一般表现很难看的，基本都是因为投了商业地产。商业地产这几年出租率本就不好，最近又赶上疫情。所以投商业地产的这些REITs，现金流不少都出现了问题，价格出现分化也是必然的。

除了投资的安全问题，可能大家还比较关心REITs的收益问题。通过前面介绍REITs的底层资产，大家应该也明白了，REITs的收益主要来自不动产的租金分红。如果底层资产没问题，那么投资REITs就很像买入一只低增长高分红的股票。比如，你现在买入工商银行或者中国石油，就和买入一个REITs差不多。因为股价常年基本波动很小，每年的分红相对比较高。会买这种公司的，基本上都是买了以后等着长期分红。这些人只当是买了一种带小型看涨期权的理财产品。平时就拿着长期分红，等牛市来了，还能赚个上涨收益。

---

① 内部收益率，就是资金流入现值总额与资金流出现值总额相等、现值等于零时的折现率。

这里需要注意的是REITs的价格波动风险。我们知道REITs产品的底层资产，现金流是非常稳定的。这就决定了REITs的内在价值，是非常稳定的。目前上市的公募REITs，在沪深交易所是可以交易的，就像你在股票软件里买卖股票一样。

既然可以在交易所交易，那就一定会出现价格波动。如果你打算买的REITs产品短期出现上涨，那么千万不要追涨。因为进入交易所以后，短时间决定价格的，就是在某个阶段卖的人多，还是买的人多。如果说你买入以后，短期卖的人比较多，很可能就会出现价格下跌。这时候如果你急用钱需要卖出，很可能赚到分红，却因为高买低卖出现了亏损。

由于底层资产带来的现金流稳定，所以抄底当理财买，也是完全没有问题的。未来买入REITs的时间，可能是A股市场从高估到低估这段时间。这段下行时间通常很长，往往需要好几年，之前总是没合适的投资配置，现在有了REITs，也算有了合适的金融产品，终于可以在资本市场估值回归期，获得稳定的现金流了。

看 准

多数人不适合专职做投资

总有人觉得自己的投资能力很强,而过去一段时间的收益又从客观上证明了这一点。他们觉得现在自己的工作很无聊,所以不想干了,想做的事情就是辞掉工作专职做投资。全职做投资倒不是不可以,不过大多数情况下,我是不建议大家专职做投资的。原因有以下几点,大家可以自己判断有没有道理。

一个是多数人在决定专职投资的时候,基本意味着放弃了稳定的现金流。通常情况下,多数人除了工作收入,也没什么其他被动收入可以带来稳定的现金流。在这种情况下,辞职基本意味着现金流没了。在市场行情不好的时候,这很容易导致心态崩溃。

现金流有点像我们每天呼吸的氧气,虽然大家平时不太感觉得到有多重要,但如果没有,很快就会感到窒息。这几年因为市场整体行情不错,大家就算买基金也能赚到不少钱。计算一下年化收益,不少人甚至超过了30%。这是因为整体行情好,才会有这样的收益率。要是赶上2018年那一拨下跌的话,多数人看到的是账户天天亏损。本来每天就够闹心的了,这时候要是再没有现金流,恐怕生计都成问题了。

另外一个是本金的问题,多数人想要辞职全职做投资的时候,通常手里的本金是不够的。在本金不够的情况下,每天还要考虑赚钱维持生活,这时候你做任何投资,都不可能淡定从容。

那么手里到底有多少本金才能全职做投资呢?我认为要依据开销。如果你日常的开销,只要手里的本金能产生5%的收益就能满足,那么你就具备了专职做投资的基本条件。举个例子,如果你家里每年需要花50万元,那么你手里就需要有1000万元的本金,才能满足用5%收益赚到50万元的开销。

为什么我们说50万元呢?因为除去少数高薪行业,50万元年薪可能是多数人全职工作的天花板。想要把工资水平提升1倍到百万年薪,对多数人来说是不可能完成的任务,所以不如在投资上多付出一点努力。在这种情况下,如果你手里有1000万元,这时候选择专职做投资,把之前年化5%的收益率提高到10%,也就是把这笔钱的收益率从上班时候的每年50万元提高到辞职以后的每年100万元,是有一定性价比的。这时候你就可以考虑一下,全职做投资是不是值得。

还有一个全职做投资多数人必须考虑的问题,就是会不会脱离社会,以及丧失社会认同感。我们可以回忆一下,多数人是不是工作以后基本就很难认识新的人或结交新的朋友了。我们工作以后新建立的社会关系,基本也都是通过工作。脱离工作对我们来说,基本意味着和社会脱离了。

要知道人是社会动物,只有性格非常孤僻的人才能真正做到脱离社会，多数人根本做不到。不过这还不是最严重的，最严重的是周围社会认同感的丧失。这对大多数人来说，是非常致命的。

原来你有一份工作的时候，因为这份工作，周围人会对你笑脸相迎。原因也很简单，比如你是老师或医生，日常生活中免不了会和你接触，也有需要你的时候，所以大家见了你都很热情。等你做了职业投资者，大家对你的热情就会逐渐淡漠。原因也很简单，你对大家没什么价值了。

最后，全职做投资的人还需要思考一下自己在家工作，是不是依然有自我激励的动力和自律的能力。事实上，多数人是不具备自律和自我学习能力的，必须被人管着才能好好干活。工作的时候可能还好，因为每天有人不断给你安排事情做，你必须按时完成任务。真要回家没人管了，可能很多人就废了，每天不知道该怎么安排工作和生活。没了约束就没了工作的动力，在家能躺着就不坐着，一天天地混日子还没什么收获。

所以要不要专职做投资，即使本金足够的情况下，多数人还是要掂量一下的。专职做投资唯一的优势就是自由。但对不自律的人来说，自由恰恰也会给他带来很多问题。

日本养老投资启示录

前面讲的都是投资，在这本书的结尾，我们想讲一下养老的问题。这里我们以日本为例，告诉大家老龄化以后，整个社会会发生什么变化；我们在年轻时候，又需要为此做些什么准备。用日本举例说明，是因为我们的社会结构非常接近，只是他们的发展比我们要早30年。

体面养老需要多少钱

通过互联网搜索，我们会发现日本在养老细节和保障方面被吹上了天。网上评价日本养老领域发展迅猛、保障完善、细节完美、服务优质，日本可以说是养老天堂了。那么这些文章有没有过于夸张呢？并没有。如果你有钱，是个富裕老人的话，网络上的每一句话我认为都是真的。

以前日本有个街头采访，采访对象是一位住在养老院的85岁老人。这位实在的日本老人告诉我们，养老院不是普通人随便能住的。在日本，条件稍好的养老院收费门槛极高，初期费用动

看 准

辄高达数千万日元,即便如此,"首都圈"养老院仍是供不应求。入住以后每个月还有各项杂费。每个月大概要花3万元人民币,一年总共差不多36万元人民币。到现在为止,这位日本老人已经差不多在养老院住了10年,也就是360万元人民币。85岁的大爷依然神采奕奕、头脑清晰、衣着得体。可以看出大爷在养老院过得不错。

这时候记者突然问了一句,如果没钱维持现在的生活,那会很辛苦吧?老人的答案让人大吃一惊,"钱花光那天就是我的死期"。在养老院的10年里,大爷算上初期费用共花掉了655万元人民币。开销这么大,也不知大爷的积蓄能坚持多久。记者于是询问老人的储蓄还能维持多久。大爷竖起三根手指。不计算通货膨胀,按照现在的日常开销,这些积蓄还能支撑大爷过30多年。

看到屏幕上的一个个数字,想必大家也能体会,日本的养老服务确实很棒,细节完美,保障完善。唯一的问题就是,价格不是普通日本人能承受的。因为经济原因,多数普通的日本老人显然没办法过得这么潇洒。

普通日本老人的困境

在国人的印象里,日本这个国家人民富足又长寿,而且也是全球最早步入人口老龄化的国家。2015年6月,藤田孝典先生撰写的《下流老人》出版了。"下流老人"这个词也在2015年成为日本的年度流行词。

据统计，全日本现在一共有1100万"下流老人"。要知道日本的老年人总数也不过才2000多万。这里的"下流"不是说作风问题，而是指收入水平和社会阶层从工作时候的中等水平向下层滑落，以至于滑落到贫困阶层的事实。"下流"在这里意味着下跌或者滑落，也可以解释为一种失去安全的状态，不管是经济上还是精神上。随着年纪增长，这样的老人不仅收入变得极低、没有足够的存款，而且在社会上逐渐变成既没有依赖也没有倾诉的人。经济困难和精神孤独的双重压力使得很多长寿的日本老人承受折磨。现在这样的人群在日本有不断扩大的趋势。

不只65岁以上的日本老人，更进一步蔓延到工作人口。经济衰退、收入减少、物价上涨三重危机叠加，年轻人就业困难，中年失业的上班族很难再次进入职场，这批人正在成为"下流老人"的预备军。在经济方面，不用到老年，其实从中年开始，很多日本人就已经开始滑落。出现这种状况并不意外。由于日本经济长期低迷，千禧年小泉纯一郎上台以后开始推行临时工制度，打破终身雇用，企业可以随意裁员。临时工制度使得以前大学生毕业就能靠努力成为中产阶级的日子从此一去不复返。多数年轻人大学毕业后根本找不到长期稳定的工作，只能做临时工。

按照日本厚生劳动省发布的调查结果，现在日本从业者中，每三人就有一个是临时工。而临时工的收入不过是正式职员的一半。企业通过雇用非正式员工，节省了社会保险费，削减了劳动成本。如今，这类拿着低工资又无福利待遇的非正式员工人数，已达到日本就业者总数的1/3。这是造成日本贫困率上升的主要原因。日本政府曾宣布说，日本的完全失业率已经下降至4.4%，并将其视为"结构改革的成果"。实际上所增加的就业人口，基本上都是上述这种非正式员工。

作为临时工，年轻的"穷忙族"在20多岁还能找到临时工的工作，30岁以后工作就变得极其困难。除去少数有技术含量的工作，多数日本人从事的职业在35岁以后无论选择面、竞争力还是收入水平都是逐年下降的。很多人在40岁失业以后就再也难找到合适的工作，只能以打零工为生，根本不用到退休，中年后半程开始，日子就越发艰难。这和近两年国内很多中产面临的职业困境是一样的。其实从统计数据看，除去极少数大器晚成或者特殊行业，多数人的收入水平都是随着年纪增长而下滑的，这一点在全世界都不例外。

精神方面，随着年纪的增长，多数人越来越难交到新的朋友，生活中变得越来越孤独。调查显示，相比二十多岁的年轻人常找同事或者朋友沟通，步入中年的日本人变得越发沉默，常常倾向于不找任何人沟通。老龄化、不结婚、少子化、城市化使得生活在大城市的日本人离开了职场，与社会的新关联不断缩小。尤其是居住在大城市的中年人，看起来忙忙碌碌，但多数人其实除了在工作场合偶尔接触人外，并无机会与他人进行深入接触。很多人一旦离职，失去了和公司同事的联系，会变得越发孤独。随着年纪渐长，这种孤独感与日俱增。

每一位日本老人年轻时都和你我一样认真地工作，却从没想到年老后的生活如此孤独辛苦，很多人甚至失去求生欲望。钱不够花，储蓄清零，吃不饱饭，坐不起车，不敢生病，没有朋友，拼命工作，听起来惨不忍睹的描述却是很多日本老人真实生活的写照。因为贫穷，很多年过花甲的日本老人不得不重返工作岗位，干起了送外卖、开出租的活儿。随便在日本叫一辆出租车都有可能遇到满头银发的司机，要知道，日本的出租车司机平均年龄接近60岁。由此可以看出，65岁以上老人占就业人口的权重明显在逐年升高。

2017年在日本2000多万的老年人中，有807万65岁以上的高龄者仍在工作，创下了历史纪录，并且这个数字连续十多年呈增长态势。目前的日本正在打造"终身不退休社会"，最新的一项政策是上调退休领养老金的年龄至70岁。

因为贫穷，现在日本的老人犯罪率越来越高。截至2017年，犯罪老人的数量已经占到犯人总数的20.8%，而1997年仅占总数的4%。在这些犯罪老人中，70%都是因为"盗窃"被捕，他们偷盗的多数是三明治、饭团等日常食品，并不贵重。

很多老人都是有意为之，目的就是被抓，能够住进监狱养老。只需要从便利店顺走一个200日元的三明治，就可以获得两年的监禁，比领养老金靠谱多了。这样的例子有很多。日本长崎一位叫田中的80岁老人，因生活贫困15次犯盗窃罪，在监狱待了20年。另一位叫东山的79岁老人，多次故意犯罪，吃过大阪、名古屋、福岛、鸟取、高松等地的牢饭，荣登日本"老年犯罪名人堂"。

监狱已经变成了这批"下流老人"最喜欢的地方，以自由为代价换取食物、住处和医疗，还有监狱看守提供服务。这些老人本身的行动能力就很差，住在监狱里也不比养老院差多少，能免费吃喝又不用干活，居住条件也不错，还有免费医疗，这就是他们向往的生活吧。

养老金问题

日本老人的凄惨状况和养老金不足息息相关。2019年6月3日，日本金融厅发布了一份报告：一对夫妻，丈夫达到65岁，妻子达到60岁，都没有工作，每月可以领到约20万日元的养老金，但是每月的开支要多出5万日元。单单依靠养老金，每个月将出现3000日元的缺口，从而陷入老后破产的窘境。按照日本提倡的寿命百年来讲，每个人从65到100岁，需要约2000万日元来弥补养老金的不足。

钱不够怎么办？报告给出了三条建议：

1. 退休后继续工作；
2. 卖掉房子换钱；
3. 从城市搬到乡下以节省开支。

报告一发布就引发民众的愤怒。

很多日本老百姓控诉，辛苦工作一辈子，每个月按时交养老金，想着退休颐养天年，结果政府告诉大家不存够2000万日元就无法善终，这不是骗人吗？

为什么日本人支付的养老金都不够老人日常生活支出呢？很简单，因为养老金不够了。养老金本身是现收现付制。年轻人交，老年人领，政府只是转移支付。没年轻人了，退休金自然就发不出来了。

对于养老问题，日本的准备不可谓不充分。当年的日本做了比全世界任何国家都多的事情以应对养老问题，也存了比任何国家都多的养老金。1960年日本建立养老金制度之后，经过40年的积累，到21世纪头几年，日本厚生养老基金达到了140万亿日元、国民年金10万亿日元、各种共济组合50万亿日元、民间养老基金40万亿日元，合计240万亿日元的规模。

历史上没有任何国家为养老存过这么多钱，只有美国曾经接近这个数字，其他任何国家的金额都不在一个数量级。这么快就不够了是因为日本当年建立养老金制度的时候对未来几十年过于乐观。

首先，日本的养老金制度是20世纪60年代设计的，当时的设计寿命是72岁，现在日本人的平均寿命已经达到80岁。当时的设计者根本没预料到现在的人能活这么久。

其次是低生育率。日本的人口出生高峰出现在"二战"结束后，之后除了20世纪70年代初因为"二战婴儿潮"这代人长大结婚生子带来一个小高峰，就一直下滑到现在。1960年建立养老金制度以后又过了五年，"婴儿潮"这代人才开始参加工作，直到2005年，"婴儿潮"这代人才到60岁。

之前因为年轻人多老人少，一直在大量收钱少量付钱，这使得前面几十年高速发展的日本对可能出现的问题没有产生重视。收费低、给付标准高是开始的标配。举个例子，日本养老金创设之初的1961年每个月只需要付100日元，老人每年就能领24 000日元。80年代初月付4 000日元，老人每年领50万日元。如果一个人1938年出生，1961年23岁大学毕业开始交社保，交足40年，那他一生缴费230万日元，退休到死亡可以领1 300万日元，收益率是480%。到了90年代日本发觉这么做难以为继，只能调高费率，现在月缴15 000日元。

2005年"婴儿潮"一代开始大量退休，领取养老金的人口暴涨。过去几十年持续下降的出生人口又让缴纳养老金的年轻人数量锐减，收支越发不平衡，日本的养老金就不够了。老人越活越长，缴费的年轻人却越来越少。日本的生育率这些年是屡创新低，长期在1.5左右徘徊，及格是1.8，正常为2.1。2018年日本新出生的婴儿只有92万人，创历史最低，连续三年不足100万。有科学家预测：2055年日本总人口将减少到9000万，2105年将减少到4500万。

老人越来越长寿导致支出不断增加，收入却因为低生育率而停滞不前。想继续提高养老金费率也不现实，十几年的经济衰退让日本国民收入原地踏步，根本没有多余的钱多交养老金。想靠投资收益弥补收支缺口，几百万亿日元规模的资金在国内投资，年收益率只会和GDP增长差不多，每年也就不到1%。恶化的收支情况加上增长不足，日本每年都要从过去的积累中拿出存款来支付退休金。单单2011年厚生年金就拿出8万亿日元补贴收支差额,相当于总资产的1/10。日本20世纪80年代法定60岁退休,仅仅到2004年养老金就扛不住了,要晚发退休金,搞"渐进式退休"乃至打造"无退休社会"。其中最重要的原因就是生育率不足,没有足够的年轻人缴纳养老金。

日本的启示

日本人养老金不够用的原因,除了人口老龄化问题,还有个体年龄过大后收入下滑,但是房租还不断上涨的问题。90年代日本经济开始衰退,步入失落的20年。这期间,日本房价不断下跌,很多日本人不再买房,而是选择租房居住,甚至选择一辈子租房。这就是为什么有人说,普通人考虑养老问题的时候要先买房,甚至在钱宽裕的情况下最好在人口流入的一、二线城市买多套房,作为养老的被动储蓄。等到年纪大了,我们可以靠房租或者卖房来弥补收入上的不足。

随着年龄的增长,老人越来越离不开他人照顾,谁来照顾老人又成了问题。最后不是自己的孩子照顾,就是雇用别人的孩子照顾。照顾这件事对独居的有钱人来说从来不是问题,人家请得起护工照顾自己;对于独居的没钱人才是问题,他们老了没钱请别人的孩子照顾自己,也没有自己的孩子帮忙。因为经济原因,现在国内多数老人都是由自己的孩子照顾,想必很多人都见过父母那代人照顾爷爷奶奶、外公外婆。雇用保姆,费用一般至少是养老金的2~3倍，多数老人根本负担不起。请不起别人的孩子照顾你怎么办，只能依靠自己的孩子。

现在网上流传着一种论调，老了以后靠积蓄和养老金生活就行，生孩子养儿防老很无耻。有钱人无所谓，但普通人不要过高地估计自己年老后的收入水平。按照统计数字，目前老人开始逐渐失能需要人照顾生活的时间大概为8年。目前二线城市一个医养结合能够很好照顾失能老人的养老院月收费带护工大概是1.5万元。不算通货膨胀，一对老夫妻目前需要有300万才能雇用他人照顾。你觉得目前除去日常开销、养育子女等各种费用，在人生的最后9年能支付起这个费用的老人有多少？时间推移到30年以后呢？费用又是多少？对于多数普通人来说，根本不存在住好养老院得到体面服务的选择，因为经济水平达不到。最后养老要么靠积蓄，要么靠孩子。

只要想清楚这两个问题，我们根据自己的条件该做什么准备也就清楚了。